# Oraciones *con* propósito

# Oraciones
## *con*
# propósito

D ONNA K. M ALTESE

*inspiración para la vida*
**CASA PROMESA**
Una división de Barbour Publishing, Inc.

*La oración del justo
es poderosa y eficaz.*

SANTIAGO 5.16 NVI

# Contenido

• • •

# Introducción

*Por lo demás, hermanos míos, fortaleceos en el Señor,*
*y en el poder de su fuerza. ... orando en todo tiempo*
*con toda oración y súplica en el Espíritu.*

EFESIOS 6.10, 18

¿Deseas en tu vida más de la presencia y del poder de Dios? ¿Te has equipado para enfrentar los desafíos modernos? Permite que *Oraciones con propósito* te ayuden en tu búsqueda de ir tras Dios. Al hacerlo, que el Espíritu aumente tu fe y tu poder instándote a creer verdaderamente la promesa de Jesús: «El que en mí cree, las obras que yo hago, él las hará también; y aun mayores hará» (Juan 14.12).

## LA ESPERA EN EL SEÑOR

*Pon tu esperanza en el SEÑOR; ten valor, cobra
ánimo; ¡pon tu esperanza en el SEÑOR!*

SALMOS 27.14 NVI

Amado Señor, al entrar en este tiempo de
quietud contigo, tranquiliza mi mente, cuerpo
y espíritu. Tómame de la mano y guíame a tu lado.
Anhelo sentir tu toque, oír tu voz y ver tu rostro.
Cualquier cosa que deba experimentar hoy, sé que
estarás conmigo, como lo estás ahora: dentro de mí,
sobre mí y a mi lado. Gracias por fortalecer mi
corazón. Gracias por darme paciencia para esperar
en ti.

# Aguas de reposo

*En lugares de delicados pastos me hará descansar;*
*junto a aguas de reposo me pastoreará.*

Salmos 23.2

Mi Pastor, mi Señor, mi Salvador, llévame junto a aguas de reposo. Hazme descansar en los delicados pastos. Restaura mi alma. Condúceme por las sendas que has elegido hoy. Contigo a mi lado, no temo ningún mal. Eres mi Consolador y mi Guía. Estoy feliz en tu presencia. Tu bondad y tu misericordia están conmigo este minuto, esta hora y este día. Gracias, Señor, por traerme aquí y por darme tu plenitud… por ser el Pastor de mi vida.

# MEDITACIÓN TEMPRANA

*Escucha mis súplicas, rey mío y Dios mío, porque a ti elevo*
*mi plegaria. Por la mañana, SEÑOR, escuchas mi clamor;*
*por la mañana te presento mis ruegos, y quedo a la espera*
*de tu respuesta. ... Empareja delante de mí tu senda.*

SALMOS 5.2-3, 8 NVI

Tú me defiendes, me amas, me guías. ¡Cuán grande es eso! ¡Cuán grande eres! Demasiado maravilloso para expresarlo en palabras. Me regocijo esta mañana en tu presencia. En este momento dirijo a ti mis oraciones, sabiendo que oirás mis palabras e interpretarás mis gemidos. Estoy dirigiendo mi voz hacia ti, Señor, y con paciencia espero tus instrucciones.

# FORTALEZA EN EL SEÑOR

*Bendito sea el SEÑOR, que ha oído mi voz
suplicante. El SEÑOR es mi fuerza y mi escudo;
mi corazón en él confía; de él recibo ayuda.*

SALMOS 28.6-7 NVI

Señor, ¡sé que oyes mi voz cuando te ruego! Tú
eres mi fortaleza y mi escudo. Cuando mi
corazón confía en ti me lleno de sumo gozo. Tú
me das valor para enfrentar los desafíos del día. Me
concedes fuerzas para hacer las tareas que has puesto
delante de mí. Tú me levantas, me elevas a las
alturas, y me llevas a lugares que yo nunca habría
soñado que fueran posibles. Eres el Amigo que
nunca me abandonará, el Guía que camina delante
de mí. Contigo en mi vida lo puedo lograr todo.

# Aguas vivas

*Muy de mañana ... Agar ... salió y anduvo errante por el desierto. Entonces Dios le abrió los ojos, y vio una fuente de agua.*

Génesis 21.14, 19

Señor, gracias por estar conmigo al tener tiempos de sosiego en tu presencia. Cuando estoy en el desierto, tú me dices que no tema. Me indicas que me levante en tus fuerzas, y luego me abres los ojos y me diriges al agua viva. Señor, no hay nadie como tú, nadie que me ame igual que tú. Ansío tu presencia y tu paz me es provechosa. Sé mi fuente eterna de bendición.

## PAZ COMO UN RÍO

*Yo soy el SEÑOR tu Dios, que te enseña lo que te conviene,
que te guía por el camino en que debes andar. Si hubieras
prestado atención a mis mandamientos, tu paz habría
sido como un río; tu justicia, como las olas del mar.*

ISAÍAS 48.17-18 NVI

Señor, Piloto y Mentor mío, proporcióname
dirección en este día. Tú me enseñas lo que es
mejor para mí; dirígeme al camino que debo tomar.
Cuando atiendo tus mandamientos me confieres paz
como un río. Hacia tus aguas vivas corro. Ayúdame
Señor a obedecerte en todo lo que digo y hago.
Dame la sabiduría para permanecer en tu Palabra,
¡todo para tu gloria!

# ¡REGOCÍJATE!

*Este es el día en que el SEÑOR actuó;*
*regocijémonos y alegrémonos en él.*

SALMOS 118.24 NVI

Este es el día que hiciste, Señor. ¡Me gozaré y me alegraré hoy! Dios, siento tu luz que brilla sobre mí. Siento tu presencia rodeándome. ¡Me glorifico en tu cercanía! Sin importar lo que venga hoy contra mí, sé que estarás conmigo, por tanto no hay motivo para temer. Lo único que debo hacer es extender la mano hacia ti, y tú estás conmigo. Eres muy bueno conmigo. Gracias Señor por tu bondad y tu amor.

# DIOS DE PAZ

*Dios no es Dios de confusión, sino de paz.*

1 CORINTIOS 14.33

Señor, a veces la vida es muy confusa. Nada ha estado saliendo bien. Lo único que deseo hacer es levantar mis manos en frustración. Pero así no eres tú, Señor. Tú no eres un Dios de confusión sino un Dios de paz. Ayúdame Señor a estar en paz ahora mismo mientras llego a ti en oración. Ayúdame a reposar en tu presencia y a obtener tu fortaleza para enfrentar los desafíos de este día.

# FORTALEZA PARA CADA DÍA

*SEÑOR, ten compasión de nosotros; pues en ti*
*esperamos. Sé nuestra fortaleza cada mañana,*
*nuestra salvación en tiempo de angustia.*

ISAÍAS 33.2 NVI

Dios, anhelo tu presencia y tu toque. Libérame de la preocupación, el temor y la angustia. Sujétame con tu amor y tu perdón mientras reposo en ti. Lléname con tu poder y tu fortaleza para enfrentar los retos de este día. Gracias Señor por la manera en que obras en mi vida. Mantenme cerca de ti a lo largo de este día.

## DESCANSEMOS EN LOS
## BRAZOS DEL SEÑOR

*Él [Jesús] les dijo: Venid vosotros aparte a un
lugar desierto, y descansad un poco.*

MARCOS 6.31

Señor, parece que en estos días no obtengo el
suficiente descanso. Parece que siempre estoy a
la carrera. Tranquiliza mi corazón y mi alma. Inunda
mis pensamientos con tu luz. Vengo en busca de
tu paz cuando reposo en tus brazos. Háblame en el
silencio de esta temprana mañana. Dime qué quieres
que haga este día. Y cuando vuelva a ti al caer la
noche, llévame otra vez a tu Palabra y bríndame el
descanso que necesito.

# Mi fe

El poder de creer

## Cultivemos la fidelidad

*Confía en el Señor, y haz el bien; habita*
*en la tierra, y cultiva la fidelidad.*

Salmos 37.3 lbla

Mientras habito en este planeta y consumo mi maná temprano en la mañana, siento tu presencia a mi lado. Recuerdo las veces en que has cuidado de mí, has sufrido conmigo, y me has guiado a través de la oscuridad, y me nutro de esos recuerdos. Me alimento de tu fidelidad. Gracias por estar siempre allí para mí. Permanece conmigo ahora y durante el resto de este día, proporcionándome valor y fortaleza al confiar en ti.

## ACCESO A PAZ Y GRACIA

*Justificados, pues, por la fe, tenemos paz para con Dios*
*por medio de nuestro Señor Jesucristo; por quien también*
*tenemos entrada por la fe a esta gracia en la cual estamos*
*firmes, y nos gloriamos en la esperanza de la gloria de Dios.*

ROMANOS 5.1-2

Mi fe en ti, Jesús, es la que me mantiene sano y me otorga paz. Te agradezco eternamente por esa paz. Mi fe en ti me justifica y me da la gracia que necesito para perdonar a otros. Ayúdame a hacer eso hoy día. Ayúdame a mirar a mis ofensores como tú me miras: sin culpa y con amor. Mantenme de tu mano y concédeme tus fuerzas mientras atravieso este día.

# Fe inquebrantable

*Tampoco [Abraham] dudó, por incredulidad, de la
promesa de Dios, sino que se fortaleció en fe, dando
gloria a Dios, plenamente convencido de que era también
poderoso para hacer todo lo que había prometido.*

ROMANOS 4.20-21

Señor, permíteme ser como Abraham, con
inquebrantable fe en tus promesas. Que tu
Palabra me fortalezca mientras medito hoy en ella
ante ti, sabiendo y creyendo que tienes poder para
cumplir lo que has prometido. Creo que estarás
conmigo por siempre, que nunca me dejarás ni me
abandonarás, que mantendrás mi cabeza sobre las
aguas, y que me amas ahora y hasta el final de mis
días. Gracias Señor por salvar mi alma y fortalecer
mi fe.

# Estar firmes

*Velad, estad firmes en la fe; portaos varonilmente, y esforzaos.*

1 Corintios 16.13

Dios, hoy no me siento muy fuerte. Es más, me consume esa sensación de estarme hundiendo igual que a Pedro. Mantén a flote mi fe, Señor, para que pueda estar firme. Mientras medito en cómo paraste el viento y calmaste el mar, en cómo con el toque de tu mano curaste a otros, en cómo había poder hasta en el borde de tu manto, sé que hoy puedo sostenerme, firme en ti. Sigue llenándome con tu poder, valor y fortaleza.

# AGUA VIVA

*Vivimos por fe, no por vista.*

2 CORINTIOS 5.7 NVI

Oh Dios, veo las olas a mi alrededor, mis problemas me desconciertan. ¡Siento como si estuviera hundiéndome sin ningún punto de apoyo para salvarme! Ven a mí, Señor. Cúbreme con tu amor. ¡Señor, yo creo! ¡Ayúdame en mi incredulidad! Me niego a mirar todos los problemas que me rodean. Mantendré la mirada solo en ti. Veo tu luz y tu amor, tu precioso rostro, tus labios diciéndome: «Soy yo; no temas. Solo cree». ¡Creo, Señor! ¡Creo!

# FORTALECIDOS EN LA FE

*Por tanto, de la manera que habéis recibido al Señor
Jesucristo, andad en él; arraigados y sobreedificados
en él, y confirmados en la fe, así como habéis sido
enseñados, abundando en acciones de gracias.*

COLOSENSES 2.6-7

Jesús, mi Jesús, gracias por estar siempre conmigo, sosteniéndome sobre las aguas de esta vida, especialmente cuando la corriente es más de lo que puedo soportar. Mientras me sostienes día a día, mañana a mañana, mi fe crece. No hay nadie como tú, Señor. Nadie como tú. Me fortalezco durante este tiempo contigo. Reboso de gratitud y alabanza. ¿Qué haría sin ti alguna vez en mi vida?

# Ojos abiertos,
## esperanza sin fin

*Pido también que les sean iluminados los ojos del corazón para que sepan a qué esperanza él los ha llamado, cuál es la riqueza de su gloriosa herencia entre los santos, y cuán incomparable es la grandeza de su poder a favor de los que creemos.*

EFESIOS 1.18-19 NVI

Cada mañana abres los ojos de mi corazón y me llenas con tu asombroso poder de resurrección. Cuando busco tu rostro me lleno con esperanza eterna, me deleito en tus gloriosas riquezas. Soy salvo por el poder de creer. Ilumina mi mente, mi corazón y mi espíritu mientras pasamos juntos estos momentos. Espero tus palabras, amado Señor. ¡Háblame ahora!

# EL GOZO DE CREER

*A quien amáis sin haberle visto, en quien creyendo, aunque ahora no lo veáis, os alegráis con gozo inefable y glorioso.*

1 PEDRO 1.8

¡Qué increíble gozo me invade el alma! Te amo Señor, y tu amor por mí me colma. No se puede expresar con palabras la gloriosa alegría que siento en este instante, mientras tu luz matutina me deleita y tu presencia a mi lado me cobija. Quiero que estés conmigo durante todo este día. Nunca me abandones. Nunca te olvides de mí. ¡Dame esa fe que cree en lo invisible!

## ANDEMOS EN LA SABIDURÍA DIVINA

*Oye, hijo mío, y recibe mis razones, y se te multiplicarán años de vida. Por el camino de la sabiduría te he encaminado, y por veredas derechas te he hecho andar. Cuando anduvieres, no se estrecharán tus pasos, y si corrieres, no tropezarás. Retén el consejo, no lo dejes; guárdalo, porque eso es tu vida.*

PROVERBIOS 4.10-13

Señor, deseo hacer aquello para lo que me creaste. Vengo a ti hoy día en busca de tu dirección para mi vida. Tengo mis propias ideas de cómo quieres que te sirva, que engrandezca tu reino aquí en la tierra, que provea para mi familia, para mi iglesia y para mí mismo. Sin embargo, necesito tu sabiduría. ¿Qué ruta debo seguir? ¿Cuándo debo empezar? ¿Cómo debo ir? Guíame, Señor, dentro de las aguas que has establecido para mi vida.

# SABIDURÍA DE LA CREACIÓN

*Con sabiduría afirmó el SEÑOR la tierra, con inteligencia
estableció los cielos. Por su conocimiento se separaron
las aguas, y las nubes dejaron caer su rocío.*

PROVERBIOS 3.19-20 NVI

Dios, tu creación es tan impresionante. Por
dondequiera que miro, veo tu obra. Lo has
hecho todo. Me hiciste a mí. Sigue moldeándome
y conformándome en la persona que quieres que
yo sea. Dame conocimiento y sabiduría en cuanto a
cómo servirte mejor.

# INVITADOS A SER COCREADORES

*El Señor Dios formó de la tierra todo animal del campo y toda ave del cielo, y los trajo al hombre para ver cómo los llamaría; y como el hombre llamó a cada ser viviente, ese fue su nombre.*

GÉNESIS 2.19 LBLA

Señor, tú formaste todas las cosas. Y después invitaste el hombre a ser cocreador contigo al permitirle poner nombres, hacer cosas y servirte. Ahora muéstrame cómo deseas que emplee mis dones y talentos, y enséñame hasta qué debo emprender para hacer que este mundo sea un mejor lugar. Ven a mí ahora, Señor. Graba en mi mente lo que quieres que yo haga, qué puerta deseas que yo atraviese.

# FE EN LO INVISIBLE

*Por la fe entendemos haber sido constituido el
universo por la palabra de Dios, de modo que lo
que se ve fue hecho de lo que no se veía.*

HEBREOS 11.3

No puedo ver mi futuro, Señor. Debo confiar en
que tu sabiduría me guíe a través de estas aguas
desconocidas. Aunque yo no pueda ver qué depara el
futuro, tú sí lo ves, Señor. Lo tienes todo planeado.
Abre mis oídos a tu voz y mis ojos a tu visión para
mi vida. Ayúdame a ver a dónde quieres que yo
vaya. Luego dame valor para enfocar mi vida en esa
dirección.

# HÁLITO DE VIDA

*Dios el SEÑOR formó al hombre del polvo de la
tierra, y sopló en su nariz hálito de vida, y el
hombre se convirtió en un ser viviente.*

GÉNESIS 2.7 NVI

Es a través de ti que tengo vida. Cada día soplas
vida dentro de mi alma, y pones a volar mi
espíritu en alturas desconocidas. Gracias por el
regalo de la existencia; la dedico a tu servicio.
¿Adónde te gustaría que yo fuera? ¿Qué debo hacer?
¿Qué senda debo tomar? Háblame mientras
permanezco en silencio, escuchando tu voz,
esperando tu dirección.

# EL ENFOQUE CORRECTO

*No sabemos qué hacer, y a ti volvemos nuestros ojos.*

2 CRÓNICAS 20.12

Ayúdame Señor a enfocarme en ti en todo lo que digo y hago, en cada decisión que tomo, y en toda dirección que elijo. Ayúdame a sacar el mayor provecho de cada oportunidad. El propósito de mi vida es servirte, obedecerte y buscarte. No sé qué hacer, pero mis ojos Señor están en tu rostro celestial, ¡y en esto me regocijo!

# Avancemos para Dios

*Cuando estábamos en Horeb, el Señor nuestro Dios
nos ordenó: Ustedes han permanecido ya demasiado
tiempo en este monte. Pónganse en marcha.... Yo les he
entregado esta tierra; ¡adelante, tomen posesión de ella!*

Deuteronomio 1.6-8 NVI

Tú me has dado dirección. Para mí es hora de
seguir adelante, de navegar en aguas desconocidas.
Me has ordenado avanzar. Ya me obsequiaste la
tierra más allá de esos mares. Lo único que necesito
hacer es navegar hacia ti y tomar posesión de las
bendiciones que has provisto. Gracias Dios por
permitirme ser parte de tu plan maestro.

# ¡TÚ ME FORMASTE!

*Tus manos me hicieron y me formaron.*

SALMOS 119.73

Tú me has conocido desde el principio. Sabes de mis dudas y temores, y aun así me amas. En ocasiones siento como si estuviera a la deriva en medio de la confusión. Impúlsame amorosamente a pasar esa oscuridad y a entrar en tu luz. Gracias por tu paciencia. Ayúdame a crear una vida contigo, a no solo ser un trozo de barro en un estante, fuera de peligro pero sin ser usado. Sigue conformándome y moldeándome en la persona que quieres que yo sea.

## APARTADO Y ELEGIDO

*Antes de formarte en el vientre, ya te había elegido;*
*antes de que nacieras, ya te había apartado.*

JEREMÍAS 1.5 NVI

Oh Dios, me conociste y me amaste aun antes de que yo fuera concebido. Me apartaste para un propósito especial, para una manera de lograr tus fines. Sin ti nada soy, y sin embargo me pediste que fuera parte del grandioso plan. Me has amado, aun conociendo mis debilidades. Concédeme la visión que tienes para mi vida, a fin de poder saber cómo servirte. Heme aquí, Señor. ¡Úsame!

# No digas que no puedes

*El Señor me dijo: «No digas: "Soy muy joven", porque vas a ir adondequiera que yo te envíe, y vas a decir todo lo que yo te ordene. No le temas a nadie, que yo estoy contigo para librarte». Lo afirma el Señor.*

Jeremías 1.7-8 nvi

Sé lo que quieres que yo haga, Señor. Oigo tu voz diciéndome cómo deseas que sirva. Ayúdame a poner a un lado mis dudas, titubeos y temores. Quiero ir a donde me lo ordenes. Sé que estarás a mi lado durante todo el trayecto.

# MI FUTURO
## El poder de la guía divina

## MIS DESEOS

*Deléitate en el SEÑOR, y él te concederá los deseos de tu corazón.*

SALMOS 37.4 NVI

Señor, al venir hoy ante ti, deleitándome en tu presencia, pido tu guía divina. Tú sabes cuáles son los deseos de mi corazón: conocerte, amarte y vivir en ti. Muéstrame la manera en que quieres que me mueva. Concédeme el valor para enfrentar el futuro, sabiendo que no debo temer porque tú vas delante de mí.

# SERVIR CON PROPÓSITO

*David sirvió a los de su tiempo,*
*según Dios se lo había ordenado.*

HECHOS 13.36 DHH

Amadísimo Dios, tú tienes un propósito para mi vida; tienes planes para prosperarme. Pongo mi vida, mi corazón, mi espíritu y mi alma en tus seguras manos, este minuto, esta hora, este día. Dentro de tu firme control no debo preocuparme de lo que pueda deparar el futuro. Sé que tienes planeada mi vida; solo debo mantenerme a tu lado para caminar en tu sendero, sin mirar a izquierda o derecha sino solo al frente hacia ti.

# AMADOS AHORA Y POR SIEMPRE

*Estoy seguro de que ni la muerte, ni la vida, ni ángeles, ni principados, ni potestades, ni lo presente, ni lo por venir, ni lo alto, ni lo profundo, ni ninguna otra cosa creada nos podrá separar del amor de Dios, que es en Cristo Jesús Señor nuestro.*

ROMANOS 8.38-39

Pase lo que pase, Señor, no puedo estar separado de ti ni de tu amor. ¡Ah, qué importancia tiene esto para mí! Lléname con tu inagotable amor; que este pueda fluir hacia mí y alcanzar a aquellos con quienes me tope hoy día. Que mi futuro esté lleno con bendición sobre bendición, y que pueda alabarte hoy y en los días venideros.

## DULCE SABIDURÍA QUE ENGENDRA ESPERANZA

*Así será a tu alma el conocimiento de la sabiduría; si la hallares tendrás recompensa, y al fin tu esperanza no será cortada.*

PROVERBIOS 24.14

Tú, oh Señor, me brindas esperanza para el futuro. Tu presencia me inunda. Busco tu sabiduría para renovar mi espíritu y para que me ayude a enfrentar los desafíos de esta vida. Tengo enormes expectativas. Creo que estás obrando en mi vida y que hoy me esperan buenas cosas. Que yo pueda hacer prosperar los planes para tu reino mientras me diriges por esta vida y durante este tiempo.

# ¡En brazos de Dios!

*Entonces les respondí: «No se asusten ni les tengan
miedo. El Señor su Dios marcha al frente y peleará
por ustedes, como vieron que lo hizo en Egipto y en el
desierto. Por todo el camino que han recorrido, hasta
llegar a este lugar, ustedes han visto cómo el Señor su
Dios los ha guiado, como lo hace un padre con su hijo».*

Deuteronomio 1.29-31 nvi

Enfrente lo que enfrente hoy, Señor, tú vas
delante de mí. Emerges ante mis propios ojos.
Me diriges a través del desierto, sustentándome
con tu agua viva. Cuando estoy cansado me cargas
como a un niño, hasta llegar al lugar que me tienes
destinado.

## Esperanza futura

*Cuentas con una esperanza futura, la cual no será destruida.*

Proverbios 23.18 niv

Nada me hará desmayar, nada me desanimará contigo a mi lado, oh, Señor de mi vida. Ayúdame a buscar tu consejo, tu Palabra, antes de que yo hable, me mueva y actúe. Guíame a través del laberinto de esta vida, Señor, con la seguridad de que siempre irás delante de mí. Esculpe esta verdad en lo más profundo de mi alma.

# NINGÚN TEMOR POR EL FUTURO

*Guarda la ley y el consejo, y serán vida a tu alma, y gracia*
*a tu cuello. Entonces andarás por tu camino confiadamente,*
*y tu pie no tropezará. Cuando te acuestes, no tendrás*
*temor, sino que te acostarás, y tu sueño será grato.*

PROVERBIOS 3.21-24

No permitas que mi pie tropiece, Señor. Elimina los obstáculos de la ansiedad y el temor que se forman a lo largo del camino que tengo por delante. Dame esperanza y valor para enfrentar mi futuro. Concédeme una mente clara para tomar decisiones correctas. Y al final de este día, provéeme la paz del dulce adormecimiento mientras me acuesto en tus poderosos brazos.

# FUTURO DESCONOCIDO

*[El hombre] no sabe lo que ha de ser; y el cuándo*
*haya de ser, ¿quién se lo enseñará?*

ECLESIASTÉS 8.7

Amadísimo Dios, no sé lo que yace por delante de mí. Me siento afectado por las preguntas que dan vueltas en mi mente y taladran mi confiado espíritu. Que mi alma se llene de ti. Ayúdame a confiar en que tu sabiduría y tu poder me guían, de tal modo que aunque hayas ocultado de mí el conocimiento de acontecimientos futuros, yo pueda estar listo para todos los cambios que podrían venir.

# Mis necesidades

El poder de las peticiones persistentes y específicas que anhelamos

## Ayuda económica

*No tenéis lo que deseáis, porque no pedís [a Dios].*

SANTIAGO 4.2

Heme aquí Señor, acudiendo a ti para pedirte que suplas mis necesidades, que me ayudes a sostener económicamente a mi familia. Dios, tú sabes que estos son tiempos difíciles, sabes cuánto dinero necesita esta casa para salir adelante cada día, cada semana y cada mes. Oye mi oración y ayúdame a hacer mi parte en proveer para mi familia. Te agradezco por este techo sobre nuestras cabezas. Y ahora te suplico humildemente que me ayudes a suplir nuestras necesidades.

# LAS RIQUEZAS DE CRISTO

*Mi Dios les proveerá de todo lo que necesiten, conforme
a las gloriosas riquezas que tiene en Cristo Jesús.*

FILIPENSES 4.19 NVI

Ah, qué promesa Señor la que me has dado de
que a través de Cristo suplirás todo lo que me
falta. Él es mi Buen Pastor; ¡con Él nada me falta!
Ayúdame a reposar confiadamente en la certeza de
que mis oraciones tendrán respuesta en tu tiempo.
Permite que mi tiempo de oración sea algo más que
expresar mis deseos, que sea un tiempo de comunión
contigo, sabiendo que suplirás mis necesidades.

# Aguardar con esperanza

*Yo he puesto mi esperanza en el Señor; yo espero en*
*el Dios de mi salvación. ¡Mi Dios me escuchará!*

MIQUEAS 7.7 NVI

Señor, observo y espero con expectativa que respondas las peticiones que te hago hoy. Las llevo ante ti, consciente de que siempre estás allí, listo a escuchar, a orientar y a contestar. Concédeme el regalo de la paciencia mientras espero tu respuesta. Ayúdame a no correr por delante de ti sino a esperar, orar y confiar.

# En el tiempo del Señor

*El Señor levanta a los caídos y sostiene a los agobiados. Los ojos de todos se posan en ti, y a su tiempo les das su alimento. Abres la mano y sacias con tus favores a todo ser viviente.*

Salmos 145.14-16 NVI

Señor, a veces no entiendo por qué tardas tanto tiempo en responder algunas de mis oraciones. En ocasiones tus respuestas son inmediatas, pero en otros momentos debo venir ante ti una y otra vez para pedirte que suplas mi necesidad. Ayúdame a crecer durante este tiempo, Señor. Dame la confianza para pedir y seguir pidiendo.

# Día tras día

*El pan nuestro de cada día, dánoslo hoy.*

Lucas 11.3

Tú conoces mi necesidad, Señor, y estoy aquí de nuevo anti ti para pedirte que suplas esas necesidades. Mientras los precios de los alimentos siguen subiendo, necesito más y más tu ayuda para alimentar a mi familia. Ayúdame a llenar las bocas de aquellos con los que tan gentilmente me has bendecido.

# LA BONDAD DE DIOS

*Dios ha sido muy bueno conmigo,*
*y tengo más de lo que necesito.*

GÉNESIS 33.11 NVI

Señor, vengo a ti para agradecerte por proveerme todo lo que necesito cada día. He soportado algunas épocas de escasez en el pasado, pero ahora mismo la situación está mejorando, ¡y todo se debe a que he levantado la mirada hacia ti! Ayúdame a mantener mi enfoque en ti y no en lo que me falta.

# A RECOGER MANÁ

*Lo recogían cada mañana, cada uno*
*según lo que había de comer.*

ÉXODO 16.21

Heme aquí otra vez Señor pidiéndote de nuevo esta mañana que suplas mis necesidades. Oh Dios, me he deprimido mucho por las cosas que han estado sucediendo en el mundo, en mi casa, en mi familia. Ayúdame una vez más a seguir adelante, a recoger tanto como necesito y a estar satisfecho con eso. Oye mi oración Señor, y ayúdame día tras día.

# GRACIA ABUNDANTE

*Dios puede hacer que toda gracia abunde para ustedes,
de manera que siempre, en toda circunstancia, tengan
todo lo necesario, y toda buena obra abunde en ustedes.*

2 CORINTIOS 9.8 NVI

Señor, gracias a ti tengo todo lo que necesito. Continuamente derramas bendiciones sobre mí hasta el punto de que están rebosando. Con tu apoyo finalmente puedo pararme sobre mis propios pies. Incluso tengo suficiente para dar a otros y para hacer la obra que me has llamado a hacer. Gracias Padre por bendecir mi vida.

# CORAZÓN HERIDO

*Estoy afligido y necesitado, y mi corazón
está herido dentro de mí.*

SALMOS 109.22

Señor, detesto estar tan necesitado, tan pobre, tan herido y tan ofendido. Los problemas me afligen en todo momento y cada vez que trato de depender de mí para suplir todas mis necesidades. Hoy día acudo a ti, la fuente de todo poder. Concédeme mis peticiones. Ayúdame a descansar con la seguridad de que estás cuidándome, y de que mientras more en ti todo saldrá bien.

# Jardín bien regado

*El Señor te guiará siempre; te saciará en tierras resecas, y fortalecerá tus huesos. Serás como jardín bien regado, como manantial cuyas aguas no se agotan.*

Isaías 58.11 nvi

Tú eres la fuente de mi vida. Día tras día has suplido mis necesidades en esta tierra tostada por el sol y afligida por el calor de la codicia y la intolerancia. Al venir a ti con las peticiones de hoy, me permito recordar las maneras en que me has rescatado en el pasado, reposando en la seguridad de que una vez más me rescatarás de mis aflicciones. Ahora mismo, en tu presencia, siento que tu vida brota dentro de mí. Gracias por tus aguas vivas que nunca faltan.

# Mis oraciones

## El poder de la adoración

## ¡Gritos de alegría!

*Alegraos en el Señor y regocijaos, justos; dad
voces de júbilo, todos los rectos de corazón.*

Salmos 32.11 lbla

Tus manos crearon los cielos y la tierra. Soplaste en Adán y le diste vida. Todo lo creado fue hecho a través de tu Hijo Jesucristo. Los árboles, la tierra, las aguas, y las criaturas celebran en alabanza a ti. ¡Este es el día que tú hiciste! Me regocijaré y me deleitaré mientras grito tu nombre a los cielos.

# Cántico de alabanza

*En él confió mi corazón, y fui ayudado,*
*por lo que se gozó mi corazón.*

SALMOS 28.7

Mi corazón se regocija en tu presencia. Oro Señor porque mi cántico sea un sonido alegre a tus oídos. Tu gracia es asombrosa. Eres mi todo en todo, te alabo y te adoro. Inclina tu oído hacia mí mientras canto de tu amor, ¡cuán grande eres, Señor! ¡Cuán grande eres!

# UNA RESPUESTA A MI CLAMOR

*Venid, oíd todos los que teméis a Dios, y contaré lo que ha hecho a mi alma. A él clamé con mi boca, y fue exaltado con mi lengua. … Mas ciertamente me escuchó Dios; atendió a la voz de mi súplica. Bendito sea Dios.*

SALMOS 66.16-17, 19-20

Querido Dios, has hecho tantas cosas por mí: me has salvado de muchos peligros, afanes y trampas. Clamo a ti otra vez esta mañana. Lléname con tu Espíritu. Tócame con tu presencia. Y mientras atravieso este día, que me llene tanto con tus alabanzas que lo menos que pueda hacer sea decir a otros lo que has hecho por mí.

# POR LA GRAN MISERICORDIA
## DEL SEÑOR

*Por la mañana, SEÑOR, escuchas mi clamor.… Pero*
*yo, por tu gran amor puedo entrar en tu casa; puedo*
*postrarme reverente hacia tu santo templo.*

SALMOS 5.3, 7 NVI

Señor, me humillo ante ti, inclinado hacia tu trono.
Eres muy grande y formidable. Tu presencia
llena este universo. Estoy lleno con tu asombroso
amor y tocado por tu misericordia. No hay nadie
como tú en mi vida, mi Maestro, mi Señor, mi Dios.

# LA ALABANZA ACALLA A LOS ENEMIGOS

*De la boca de los niños y de los que maman,*
*fundaste la fortaleza, a causa de tus enemigos,*
*para hacer callar al enemigo y al vengativo.*

SALMOS 8.2

Contigo a mi lado, tú que sostienes los cielos en tus manos y sustentas todo el universo, no debo temer a mis enemigos, a quienes desean hacerme daño, o a los malvados que me siguen los pasos. Con alabanzas para ti en mis labios y en mi corazón, mis enemigos son derrotados. Tú eres mi gran refugio, mi roca de fortaleza.

# Asombroso poder de Dios

*Decid a Dios: ¡Cuán asombrosas son tus obras!*
*Por la grandeza de tu poder. … Toda la tierra te*
*adorará, y cantará a ti; cantarán a tu nombre.*

SALMOS 66.3-4

Señor, dividiste el mar Rojo y calmaste el viento y las olas. Diste vista a los ciegos e hiciste oír a los sordos. Levantaste a algunos de entre los muertos. Tu poder es asombroso. Nada es imposible para ti. Me inclino ante ti, cantando alabanzas a tu nombre.

# ALABANZA PARA LIBERACIÓN

*Señor mi Dios, con todo el corazón te alabaré, y por siempre glorificaré tu nombre. Porque grande es tu amor por mí: me has librado de caer en el sepulcro.*

SALMOS 86.12-13 NVI

Tú eres el Buen Pastor, el Todosuficiente, mi Roca de refugio. Sostienes el universo en tus manos y sin embargo te preocupas de todo lo que pasa en mi vida. Me asombra tu amor y tu fidelidad para conmigo. Continuamente me atraes a tu presencia. Me libras de las profundidades de la oscuridad.

## CORAZÓN LLENO DE ALABANZA

*Te alabaré con todo mi corazón.... Me postraré*
*hacia tu santo templo, y alabaré tu nombre por tu*
*misericordia y tu fidelidad; porque has engrandecido*
*tu nombre, y tu palabra sobre todas las cosas.*

SALMOS 138.1-2

Al sentarme aquí ante ti, mi corazón llega a tocarte, gran Dios, que estás sentado en lugares celestiales. Une mi espíritu con el tuyo para que nuestras voluntades sean una. Tu amor y tu fidelidad son inmensos. Te alabo Señor con mis labios, con mi voz, con mi boca y con mi vida.

# Mi mundo

## El poder de la compasión

## Alabanza para el Padre de misericordias

*Bendito sea el Dios y Padre de nuestro Señor Jesucristo, Padre de misericordias y Dios de toda consolación.*

2 Corintios 1.3

Señor, tú nos amas en gran manera. Lléname con ese amor hasta rebosar. Dame un corazón misericordioso. Guíame a la causa que te gustaría que defendiera por ti, sea trabajando en un comedor de beneficencia, ayudando a desamparados, o adoptando una pareja de misioneros. Guíame en oración mientras me pongo de rodillas e intercedo por otros que están en angustia.

## INTERCESIÓN POR LOS LÍDERES DEL MUNDO

*Exhorto ante todo, a que se hagan rogativas, oraciones, peticiones y acciones de gracias, por todos los hombres; por los reyes y por todos los que están en eminencia, para que vivamos quieta y reposadamente en toda piedad y honestidad.*

1 TIMOTEO 2.1-2

Querido Dios, hoy día llevo ante ti a los líderes del mundo: presidentes, premieres, reyes, reinas, primeros ministros, embajadores ante las Naciones Unidas, a todo gobernante, príncipe y director. Dales sabiduría, valor y paz mental. Existe mucha muerte y destrucción en este mundo, y a veces me desaliento. Pero sé hacia dónde volverme: a ti, Padre mío, quien endereza todas las cosas.

# PERSEVERANCIA EN ORACIÓN

*En verdad, consideramos dichosos a los que perseveraron.*
*Ustedes han oído hablar de la perseverancia de Job,*
*y han visto lo que al final le dio el Señor. Es que*
*el Señor es muy compasivo y misericordioso.*

SANTIAGO 5.11 NVI

Señor, siento como si siempre hubiera estado orando por una situación aparentemente imposible de cambiar. Me siento como Job, arrodillado aquí orando mientras todo el mundo se desvanece a mi alrededor. Pero sé que tú tienes el control. Tú conoces todas las cosas. Así que una vez más llevo mi preocupación ante ti, confiando en que manejarás la situación en tu tiempo.

# Paz reinante

*[Jesús dijo:] Yo les he dicho estas cosas para que en mí
hallen paz. En este mundo afrontarán aflicciones,
pero ¡anímense! Yo he vencido al mundo.*

Juan 16.33 nvi

Amadísimo Dios, cuánto oro por la paz mundial.
Algunos dicen que eso es imposible, pero
contigo todo es posible. Y aunque quizás aún no
reine la paz en el mundo, contigo en mi corazón
tengo paz dentro de mí, ¡porque tú has vencido al
mundo! Ojalá todos pudieran sentir tu paz interior.

# COMPASIÓN POR LOS HAMBRIENTOS

*Si sienten algún estímulo en su unión con Cristo, algún consuelo en su amor, algún compañerismo en el Espíritu, algún afecto entrañable, llénenme de alegría teniendo un mismo parecer, un mismo amor, unidos en alma y pensamiento.*

FILIPENSES 2.1-2 NVI

Con la compasión que nos muestras, y con tu sensibilidad permanente en las buenas y en las malas, me extiendo hoy hacia los hambrientos aquí y en el extranjero. Ábreme los ojos a la forma en que puedo ayudar. Muéstrame dónde se pueden usar mis manos para ayudar a alimentar a quienes tienen hambre. Quiero servir a otros en el nombre de Jesucristo, porque eso es lo que nos has llamado a hacer. Abre una puerta para mí. Muéstrame qué puedo hacer para que este mundo sea un mejor lugar.

# ALABANZA POR PERDÓN Y SANIDAD

*Las armas de nuestra milicia no son carnales, sino poderosas en Dios para la destrucción de fortalezas.*

2 CORINTIOS 10.4

Dios, a través del poder divino de tu Espíritu y tu Palabra, oro por mi vecindario. Demuele la fortaleza de maldad dentro de esta comunidad. Toca cada corazón con tu paz y tu entendimiento. Tú sabes lo que cada familia necesita. Ayúdame a ser un estímulo para ellos. Permanece conmigo mientras oro alrededor de este barrio, encumbrando a cada familia hasta tu trono celestial.

# CONSUELO PARA LOS AFLIGIDOS

*Ustedes son la luz del mundo. Una ciudad en
lo alto de una colina no puede esconderse.*

MATEO 5.14 NVI

Querido Cristo, oro porque tu luz brille y se
difunda por el mundo, porque tu amor llegue
a los confines de la tierra. Consuela a quienes sufren
de maltrato y violencia. Tócalos con tu luz sanadora
y guárdalos con tu mano protectora. Dales la
seguridad de que estás allí. Hazles sentir tu
presencia, oír tu voz y sentir tu toque.

# Victoria para la juventud

*No tenemos lucha contra sangre y carne, sino
contra principados, contra potestades, contra los
gobernadores de las tinieblas de este siglo, contra huestes
espirituales de maldad en las regiones celestes.*

Efesios 6.12

Señor, oro porque expulses los males invisibles
de esta región, porque tus ángeles batallen
fieramente contra las fuerzas de las tinieblas que
corrompen a nuestra juventud. Otorga poderes a
nuestros líderes de jóvenes para reclamar victoria en
los corazones de los muchachos. Muéstrame cómo
puedo ayudar en mi iglesia, cómo puedo llevar
adolescentes a ti. Da a los padres las palabras
adecuadas cuando traten con sus hijos.

# PROTECCIÓN PARA MISIONEROS Y PASTORES

*He aquí nuestro Dios a quien servimos puede librarnos del horno de fuego ardiendo; y de tu mano, oh rey, nos librará.*

DANIEL 3.17

Oro por otros con la confianza que tú, querido Señor, oyes mi oración; porque aunque a veces este mundo parezca inestable, tu mano esté sobre nuestros misioneros y pastores, protegiéndolos tanto cuando duermen como cuando están despiertos. Concédeles la fortaleza para hacer lo que los has llamado a hacer. Dales los medios para ayudar a los perdidos, hambrientos, enfermos y presos. Provéeles sabiduría cuando revelen tu Palabra y lleguen a la oscuridad para difundir tu luz.

# Mensaje de vida eterna

*El mundo pasa, y sus deseos; pero el que hace la voluntad de Dios permanece para siempre.*

1 Juan 2.17

El mundo podría pasar, pero tu amor nunca falla. Quienes creen en ti vivirán contigo para siempre. ¡Qué bendición! Oro porque otros alrededor del mundo oigan el mensaje, a fin de que también puedan aceptar tu regalo de vida eterna. Muéstrame cómo puedo ayudar a extender el mensaje, todo para tu gloria.

# REVESTIDOS DE COMPASIÓN

*Como escogidos de Dios, santos y amados, revístanse de afecto entrañable y de bondad, humildad, amabilidad y paciencia.*

COLOSENSES 3.12 NVI

Cuando me pongo de rodillas me ciño la túnica de la compasión. Llevo ante ti inquietudes específicas por las cuales me has guiado a orar, sabiendo que oyes mi plegaria y confiando en que responderás. Y cuando me levante del lugar de oración, que tu amabilidad, tu humildad, tu gentileza y tu paciencia brillen a través de mí e iluminen los corazones de otros. Quiero ser tu siervo. Ayúdame a cambiar el mundo.

## ENCUENTRA TU DON

*No sean insensatos, sino entiendan*
*cuál es la voluntad del Señor.*

EFESIOS 5.17 NVI

Señor, estoy buscando dirección. No tengo seguridad de cómo quieres que te sirva. Muchas veces me siento tan incompetente de que otros puedan hacer las cosas mejor de lo que yo las haría. Pero sé que esos sentimientos no vienen de ti. Ayúdame a entender Señor cómo quieres que sirva, qué deseas que yo haga. Sin preocuparme por agradar a otros sino dedicándome a agradarte; lo haré todo para tu gloria.

# SERVIR DE CORAZÓN

*Como esclavos de Cristo, haciendo de todo*
*corazón la voluntad de Dios.*

EFESIOS 6.6 NVI

Deseo trabajar para ti Señor, usando todo mi corazón, alma y talentos. Quiero ser instrumento tuyo, servir con pasión. Y mientras lo hago, ayúdame a mantener la vista y el enfoque en ti y no en el don que me has dado. Ayúdame a entender lo que has decidido hacer a través de mí.

# CREADOS PARA BUENAS OBRAS

*Somos hechura de Dios, creados en Cristo Jesús para
buenas obras, las cuales Dios dispuso de antemano
a fin de que las pongamos en práctica.*

EFESIOS 2.10 NVI

Me has conformado en la persona única que hoy día soy. Me has creado para hacer buenas obras. Me admira que hayas preparado cosas por anticipado para que yo haga. Desde el mismo principio me formaste para una obra específica en tu reino. Dame el valor para encargarme de esa tarea. Ayúdame a no mantenerme al margen de los desafíos que yacen frente a mí.

# PAZ Y ENTENDIMIENTO COMUNITARIOS

*Hay diversidad de dones, pero el Espíritu es el mismo.*
*Y hay diversidad de ministerios, pero el Señor es el*
*mismo. Y hay diversidad de operaciones, pero Dios,*
*que hace todas las cosas en todos, es el mismo.*

1 CORINTIOS 12.4-6

Concédeme la humildad que tú tenías cuando clavaste los pies de los discípulos. Estoy dispuesto a enfrentar cualquier tarea, grande o pequeña, que tengas para mí. Dame el espíritu de cooperación mientras trabajo con otros. Muéstrame cómo usar mi don en formas nuevas y diferentes. Quiero servir para llevarte gloria, honra y bendición.

# Asignación divina

*Según lo que a cada uno concedió el Señor.*

1 Corintios 3.5

Vengo a ti esta mañana Señor a pedirte mi tarea para hoy. ¿Cómo querrás que te sirva? ¿Debo unirme al grupo de alabanza? ¿Debo ser un compañero infantil? ¿Debo ayudar en la iglesia de niños? Señor, muéstrame el camino que hay delante de mí para servir mejor tanto a ti y como a los demás.

# SERVICIO PARA DIOS

*Hagan lo que hagan, trabajen de buena gana, como para el Señor y no como para nadie en este mundo, conscientes de que el Señor los recompensará con la herencia. Ustedes sirven a Cristo el Señor.*

COLOSENSES 3.23-24 NVI

Algunos días, Señor, me siento como si estuviera trabajando para agradar a otros y no a ti. Pero no se trata de eso, sino de servirte solo a ti. Tú me confieres el poder para hacer tu voluntad. De ti es de quien recibo mi recompensa por un trabajo bien hecho. Gracias Dios por darme la oportunidad de servirte a ti y solo a ti.

# EQUIPADOS PARA EL SERVICIO

*Que él los capacite en todo lo bueno para hacer su voluntad. Y que, por medio de Jesucristo, Dios cumpla en nosotros lo que le agrada. A él sea la gloria por los siglos de los siglos. Amén.*

HEBREOS 13.21 NVI

Me has provisto de todo lo que necesito para hacer tu voluntad. ¡Qué fabuloso es eso! A través del poder de Jesucristo puedo hacer todo lo que deseas que yo haga. Hoy día me siento fuerte, valiente y audaz. Estoy listo, dispuesto y preparado para hacer todo lo que me pidas que haga en este momento, en esta hora, en este día.

## SIERVOS APASIONADOS

*Te aconsejo que avives el fuego del don de Dios que
está en ti por la imposición de mis manos.*

2 TIMOTEO 1.6

Señor, dame pasión por servirte con los dones
que me has proporcionado. Aviva el entusiasmo
que sentí la primera vez que comencé a servirte.
Ayúdame a olvidarme de mí y solo verte a ti, ayúdame
a sentir tu presencia dentro de mí. ¡Avívame para ti
y solo para ti!

## SANIDAD EN UN TOQUE

*[La mujer] Pensaba: «Si al menos logro
tocar su manto, quedaré sana».*

MATEO 9.21 NVI

Amado Dios, extiendo mi mano hacia ti, sabiendo que con solo tocar el borde de tu manto me sanarás. Te imagino delante de mí, veo la compasión en tus ojos, y sé que me amas y que nada es imposible para ti. Lléname con tu amor. Dame tu toque sanador hoy.

# Oraciones ofrecidas con fe

*¿Está enfermo alguno de ustedes? Haga llamar a
los ancianos de la iglesia para que oren por él y lo
unjan con aceite en el nombre del Señor. La oración
de fe sanará al enfermo y el Señor lo levantará.*

Santiago 5.14-15 NVI

Señor, me estoy sintiendo muy mal. Tú sabes qué
está atacando mi cuerpo. Puedes verlo todo.
Ahora mismo te pido en oración que me inundes
con tu luz sanadora. Destierra la enfermedad de mi
cuerpo. Lléname con tu presencia. Acércame a ti.

## EL BORDE SANADOR

*Los hombres ... le rogaban que les dejase tocar solamente el borde de su manto; y todos los que lo tocaron, quedaron sanos.*

MATEO 14.35-36

Dios, cuando me conecto contigo, cuando mi cuerpo está lleno de tu poder y tu amor, nada puede hacerme daño. Estoy sanando desde adentro. Lléname ahora con tu presencia. Sana mi cuerpo, alma y espíritu. Alabo tu nombre, ¡porque tú eres quien me cura, me salva y me ama! ¡Gracias por concederme la vida!

# FORTALEZA EN LA DEBILIDAD

*Por amor a Cristo me gozo en las debilidades, en*
*afrentas, en necesidades, en persecuciones, en angustias;*
*porque cuando soy débil, entonces soy fuerte.*

2 CORINTIOS 12.10

Es una paradoja, pero es tu verdad. Cuando soy
débil es que soy fuerte porque tu fortaleza se
perfecciona en mi debilidad. Puesto que estás en mi
vida puedo descansar en ti. Con tus amorosos brazos
alrededor de mí se me reanima el cuerpo, el alma y
el espíritu. Cuando estoy contigo hay paz y consuelo.

# PROMESA DIVINA DE RESTAURACIÓN Y SALUD

*«Yo te devolveré la salud, y te sanaré de
tus heridas», declara el SEÑOR.*

JEREMÍAS 30.17 LBLA

Tú eres el sanador de nuestras heridas, Aquel que restauras espíritu, alma y cuerpo. Gracias por bendecir mi vida. Al pasar este tiempo contigo siento tu toque en mí. Eres mi dulce Pastor que siempre trata de evitarme cualquier daño. Gracias Jesús por entrar a mi vida, por brindarme realización total, por restaurarme ante Dios. Toda la alabanza y la gloria para mi *Jehová-rafa*, ¡el Señor que sana!

# Oración incesante

*[Daniel] se arrodillaba tres veces al día, y oraba y daba gracias delante de su Dios, como lo solía hacer antes.*

DANIEL 6.10

«Como lo solía hacer antes», ¡qué palabras más maravillosas! Ayúdame Señor a ser como Daniel, quien al enfrentar arresto y ejecución, cuando todo parecía deprimente y sin esperanza, no entró en pánico sino que hizo lo que solía hacer. De rodillas llegó ante ti para agradecerte. Mantenme cerca de ti, Señor. Entra a mi corazón mientras me arrodillo ante tu trono.

## Quien sana corazones y venda heridas

*Él sana a los quebrantados de corazón, y venda sus heridas.*

Salmos 147.3

Mi corazón está quebrantado. Ya no tengo fuerzas. Lléname con tu poder. Pon tus brazos a mi alrededor. Déjame permanecer largamente en tu presencia y deleitarme en tu amor. Tú eres todo lo que necesito. Sin ti no puedo hacer nada. Sacia mi sed con tu agua viva. Aliméntame con tu pan de vida. Nutre profundamente mi interior. Vengo a ti en medio de la desesperación. Salgo lleno de gozo.

# En busca del corazón de Dios

*El Señor recorre con su mirada toda la tierra,
y está listo para ayudar a quienes le son fieles.*

2 Crónicas 16.9 NVI

Heme aquí Señor. Si buscas a aquellos cuyos corazones son completamente tuyos, mírame, permanece conmigo. Apóyame en este momento de necesidad. Tú conoces mi situación; sabes qué necesita tu toque sanador. Mientras reposo silenciosamente delante de ti, ayúdame a estar quieto y a conocer que tú eres Dios. Eres mi esperanza, mi vida, mi paz.

# ¡Alaba al Señor!

*Sáname, oh SEÑOR, y seré sanado; sálvame y*
*seré salvo, porque tú eres mi alabanza.*

JEREMÍAS 17.14 LBLA

Sé que eres la fuente de toda sanidad. Sostenme en la palma de tu mano. Llena mi mente, cuerpo y alma con tu presencia. ¡Te alabo Señor por todo lo que has hecho, por lo que estás haciendo, y por lo que harás por mí! Y te alabo porque eres un Dios amoroso que me observa. Gracias Dios. Eres tan bueno para mí.

# Mis temores

## El poder de confiar en Cristo

## Una oración por liberación

*Busqué al Señor, y él me respondió;*
*me libró de todos mis temores.*

Salmos 34.4 nvi

Estoy aquí Señor, en busca de ti, buscando valor y fortaleza en tu Palabra. Ayúdame a tener más confianza en ti. Eres mi roca y mi refugio. Llévame a donde tú estás. Quiero estar en comunión contigo, descansar en ti, «confiar» enteramente en ti. Muéstrame cómo hacerlo Señor. Al levantar la mirada hacia tu rostro, libérame de esta carga de temor. Anhelo morar en tu presencia aquí y ahora, y al levantarme de este lugar de oración te llevaré conmigo todo el día. Eres mi valor y mi fortaleza. Nada me puede hacer daño.

# NUNCA A SOLAS

*No te dejaré, ni te desampararé.*

JOSUÉ 1.5

Tu Palabra dice que nunca me dejarás, pero ahora mismo siento soledad. Temo lo que me pueda deparar el futuro. Ayúdame a saber, sin la menor duda, que estás conmigo. Tú eres mi Buen Pastor. Contigo a mi lado no tengo por qué temer. Lléname con tu presencia y tu valor mientras doy la bienvenida a este día.

# LLAMADO PARA TODOS LOS ÁNGELES

*Él ordenará que sus ángeles te cuiden en todos tus
caminos. Con sus propias manos te levantarán
para que no tropieces con piedra alguna.*

SALMOS 91.11-12 NVI

Vaya, ¡qué gran Dios eres tú! Has ordenado a tus
ángeles acampar a mi alrededor. Ahora mismo
me están protegiendo, librándome del peligro. Tú no
dejarás que alguna cosa me toque, si no está dentro
de tu voluntad. Ni siquiera dejarás que tropiece con
piedra alguna. Con tu hueste celestial rodeándome
no hay necesidad de temer. Tranquiliza mi corazón
que palpita rápidamente mientras respiro una…
otra… y otra vez, aquí en tu presencia. Eres un Dios
impresionante. Eres *mi* Dios. Gracias por estar
siempre allí (aquí) en mi corazón.

# TRANQUILIZA MI CORAZÓN

*No nos ha dado Dios espíritu de cobardía,*
*sino de poder, de amor y de dominio propio.*

2 TIMOTEO 1.7

Señor, líbrame de los temores que me están acosando al venir a ti. Calma mi acelerado corazón. Lléname de tu fortaleza y valor. Parece que las tormentas y los sufrimientos fueran a vencerme, pero tú has vencido al mundo y no dejarás que me derriben. Me has dado espíritu de poder, amor y dominio propio, y me deleito en este conocimiento. Alabo tu nombre, ¡tu nombre salvador!

# TEMORES TERRENALES

*Bendito es el hombre que confía en el
SEÑOR, cuya confianza es el SEÑOR.*

JEREMÍAS 17.7 LBLA

Soy muy afortunado porque confío en ti aunque
ahora mismo temo muchas cosas: situación
económica, desempleo, ataques terroristas, balaceras
en escuelas y calles, falta de cobertura médica. Me
niego a estar de acuerdo con el mundo, y a dejarme
manejar por la desesperación, el temor y la
inseguridad. No, no me inclinaré ante presiones
externas. Viviré con la seguridad de que estás
conmigo. Pondré mi confianza en ti, porque confío
en que tú vigilas por mí, me mantienes cerca de ti y
estás siempre conmigo, pase lo que pase.

# Una salida

*Confía en el Señor de todo corazón, y no en
tu propia inteligencia. Reconócelo en todos
tus caminos, y él allanará tus sendas.*

Proverbios 3.5-6 nvi

Señor, tengo mucho miedo de lo que pueda traer
este día. Demasiadas veces he intentado enderezar
esta situación, y parece que nada funciona. Ya no
puedo encontrar una salida. Ayúdame a confiar en
ti, no solo a medias sino del todo. No comprendo lo
que está sucediendo, pero reconozco tu presencia en
mi vida y tu poder para solucionar todas las cosas.

# En Dios confío

*Cuando siento miedo, pongo en ti mi confianza. Confío
en Dios y alabo su palabra; confío en Dios y no siento
miedo. ¿Qué puede hacerme un simple mortal?*

SALMOS 56.3-4 NVI

Cuando todo se ha dicho y hecho, simplemente
se reduce a esto: Señor, ¿en quién puedo
confiar? Si permito que la mente se me llene de
mensajes del diablo, seré derrotado. Tú has vencido
tanto a este mundo como al maligno. Planta tu
Palabra en mi mente de tal modo que en ella no
haya espacio para los temores que amenazan con
consumirme. Ayúdame a recordar que no debo
temer, porque tú estás conmigo.

# PROTECCIÓN CONTRA EL MAL

*En Dios está mi salvación y mi gloria; en Dios*
*está mi roca fuerte, y mi refugio. Esperad en él*
*en todo tiempo, oh pueblos; derramad delante de*
*él vuestro corazón; Dios es nuestro refugio.*

SALMOS 62.7-8

Todo está bien con mi alma porque soy tu hijo y me proteges de todos los males. Vengo a ti, a derramarte mi corazón y a hablar de mis temores y preocupaciones. Aleja esos temores de mí y llévame a un lugar cerca de ti. Arrímate a mí y lléname con el consuelo de tu Palabra. Ayúdame a estar en calma y a escuchar tu consejo. Quiero saber lo que deseas que yo haga. Disipa los pensamientos negativos y lléname con tu Palabra, porque ella es la fuerza que me hará pasar este día y los días venideros.

# NADIE PUEDE HACERME DAÑO

*El Señor es quien me ayuda; no temeré.*
*¿Qué me puede hacer un simple mortal?*

HEBREOS 13.6 NVI

¡Vaya! Reclamo hoy esta promesa para mí, Señor. La consigno en mi memoria. Tú eres quien me ayuda y *no* temeré… ¡a nada! Eres mi Ayudador, mi Roca, mi Refugio. Me protegerás de cualquier peligro que este mundo pueda lanzar sobre mí. Te siento sentado a mi lado, con tus manos sobre mí. Nada puede hacerme daño contigo a mi lado. ¡Qué maravilloso es eso! Hoy me levanto con confianza, diciéndole a todo el mundo: «¡El Señor es quien me ayuda! ¡No tengo miedo!»

# MI LISTA DE COSAS POR HACER

El poder de caminar con Dios

## ATAREADO

*Somos hechura suya, creados en Cristo Jesús
para buenas obras, las cuales Dios preparó de
antemano para que anduviésemos en ellas.*

EFESIOS 2.10

Dios, hoy tengo mucho por hacer. Me siento
abrumado. Pero estoy aquí para ser tus manos
y pies. Desde el principio del tiempo has sabido lo
que he de lograr cada día y todos los días. Dame la
sabiduría para hacer lo que deseas que haga, para ser
la persona que quieres que sea.

# RENUEVA MIS FUERZAS

*Él fortalece al cansado y acrecienta las fuerzas del*
*débil. … Pero los que confían en el SEÑOR renovarán*
*sus fuerzas; volarán como las águilas: correrán y*
*no se fatigarán, caminarán y no se cansarán.*

ISAÍAS 40.29, 31 NVI

Señor, ayer no logré cumplir ni con la mitad de lo que debía lograr. Y hoy me siento como si no tuviera energía. Estoy languideciendo, y no sé qué hacer. Así que me levanto temprano y vengo aquí a pasar tiempo contigo. Tranquiliza mis nervios. Recuérdame que el mundo no se va a derrumbar si hoy, o incluso mañana, no hago todo en mi lista de cosas por hacer, pero muéstrame cómo utilizar sabiamente mi tiempo. Dale paz a mi corazón, y mientras paso estos momentos contigo, concédeme la fortaleza para poder caminar en tus fuerzas.

# QUE ASÍ SEA

*Confía en el SEÑOR de todo corazón, y no en
tu propia inteligencia. Reconócelo en todos
tus caminos, y él allanará tus sendas.*

PROVERBIOS 3.5-6 NVI

Reconozco que estás en control de todo, Señor, y que se hará lo que deseas que yo haga hoy. Anhelo caminar en tu voluntad y no en la mía. Quiero apoyarme en tu Palabra y seguir tus sendas. Puedo hacer eso tan solo si pongo toda mi confianza en ti durante este día. Deseo ser como María, quiero ser tu siervo y manifestar: «Hágase conmigo conforme a tu palabra» (Lucas 1.38). Por tanto, Señor, ayúdame a hacer lo que deseas que yo haga hoy, y dejar que las demás cosas se den por sí solas.

# CAMBIA MIS PENSAMIENTOS

*No se amolden al mundo actual, sino sean transformados mediante la renovación de su mente. Así podrán comprobar cuál es la voluntad de Dios, buena, agradable y perfecta.*

ROMANOS 12.2 NVI

Señor, no quiero ser como la gente de este mundo que anda alocadamente de un lado al otro, tratando de hacer tantas cosas a la vez, hasta sumirme a tal punto en la oscuridad que ya no pueda ver la luz de tu rostro. No todo tiene que ver con hacer, sino con ser. Cambia *mi* manera de pensar por la *tuya*. Agarro esta lista de tareas por hacer, y la pongo en tus capaces manos. Ayúdame a ver esta lista a través de tus ojos. Muéstrame claramente los pasos que debo tomar hoy.

# HORA PICO

*La congoja en el corazón del hombre lo abate;*
*mas la buena palabra lo alegra.*

PROVERBIOS 12.25

Heme aquí Señor, alistándome para otro día abarrotado, preparándome para enfrentar la hora pico. Ayúdame a tener tranquilidad en este día y a no quedar atrapado en el paso frenético de este mundo, sino a establecer un ritmo que te agrade. Con seguridad y firmeza se vence en la carrera, la cual para mí es ganar el premio de tu presencia en mi vida. Ayúdame a mantener eso hoy en mente. Que no me ponga ansioso sino que mantenga tu Palabra de paz en el corazón, y que yo sea un faro de paz en presencia de otros.

# MI PRINCIPAL DESEO

*Una sola cosa le pido al Señor, y es lo único que persigo:*
*habitar en la casa del Señor todos los días de mi vida, para*
*contemplar la hermosura del Señor y recrearme en su templo.*

SALMOS 27.4 NVI

Señor, ayúdame a mantenerme enfocado en lo principal: buscar primero tu reino, contemplar tu belleza, recrearme en tu templo. Eso es todo lo que en realidad importa; lo importante no es si logro hacer o no todo mi trabajo en casa, en la oficina o en la iglesia. Mientras recibo solicitudes de dar mi tiempo y mis capacidades, de acuerdo a tu voluntad concédeme sabiduría para decir sí o no.

# A LLEVAR FRUTO

*En la ley del Señor se deleita, y día y noche medita en ella.*
*Es como el árbol plantado a la orilla de un río que, cuando*
*llega su tiempo, da fruto y sus hojas jamás se marchitan.*

SALMOS 1.2-3 NVI

Vengo ante ti, meditando en tu ley: tu Palabra. Ella es mi agua viva. Tú eres quien sacia mi sed y me provees de todo. Debido a tu presencia en mi vida puedo llevar el fruto que deseas que lleve. Y mientras realizo las actividades de este día, que tu mano esté sobre mí a fin de que prospere cualquier cosa que haga. ¡Para tu buena y grandiosa gloria, Señor, amén!

# CÓMO MANTENER EN ORDEN TUS PRIORIDADES

*Dios está contigo en todo cuanto haces.*

GÉNESIS 21.22

Señor, al experimentar este día te pido que me ayudes a mantener en orden mis prioridades. No todo se trata de qué hacer sino de cómo trato a los demás. Muéstrame cómo amar a quienes entran en contacto conmigo mientras realizo mi rutina diaria y cumplo mis deberes. Ayúdame a ser alguien compasivo. Quiero que las personas te reconozcan cuando me vean, porque eso es lo que el mundo más necesita en esta época: tu amor, tu rostro, tu presencia, tu luz.

# CAPTURA DE PENSAMIENTOS

*Llevando cautivo todo pensamiento a la obediencia a Cristo.*

2 CORINTIOS 10.5

Dios, parece como si en cada momento del día yo necesitara un recordatorio para escuchar tu voz. A menudo me atrapa el ajetreo del mundo, y no es allí donde quieres que yo esté. Ayúdame a no agobiarme por las exigencias de esta sociedad, sino a ser receptivo a tu voz. Quiero oír tus palabras durante todo el día. Quiero hacer solamente lo que deseas que haga cada momento. Recuérdame llevar cautivo todo pensamiento a Cristo para no ser engañado yendo a alguna parte o haciendo algo que no venga de ti.

# MIS BENDICIONES
## El poder de la seguridad

## COMPARTIRÉ MIS BENDICIONES

*Cada uno llevará ofrendas, según lo haya bendecido el Señor tu Dios.*

DEUTERONOMIO 16.17 NVI

Señor, me has bendecido tanto a mí como a las obras de mis manos. Te agradezco infinitamente por todo lo que tengo. Cuando me bendices puedo bendecir a otros en cualquier modo que me sea posible. ¡Qué hermoso saber que puedo ayudar a extender tu reino! Ayúdame a diezmar de mis talentos, de mi dinero y de mi tiempo, todo para tu gloria. Porque tuyo es el reino y el poder, por los siglos de los siglos.

# OBEDIENCIA Y BENDICIONES

*Si obedeces al SEÑOR tu Dios, todas estas bendiciones
vendrán sobre ti y te acompañarán siempre.*

DEUTERONOMIO 28.2 NVI

Oigo tu voz Señor, y te agradezco por las bendiciones que has derramado sobre mí. A veces me siento muy indigno, pero me amas tanto que en ocasiones no logro entenderlo. Están fuera de mi comprensión todas las bendiciones que me has provisto, al responder a tu voz, hacer tu voluntad, y trabajar para servir a otros. Háblame Señor. Dime a quién y dónde quieres que yo bendiga. Soy tu siervo Señor, háblame.

# BENDICIÓN GARANTIZADA

*«El Señor bendecirá tus graneros,*
*y todo el trabajo de tus manos».*

DEUTERONOMIO 28.8 NVI

¡Tu Palabra me garantiza que bendices todo lo que hago! Qué promesa con la que puedo contar, y en la que me deleito. Además me brinda la confianza de que estarás conmigo en todo lo que hago, bendiciéndome en todo paso y momento. ¡Qué promesa maravillosa! Hoy día me levanto con la seguridad de tu ayuda, tu guía, y tu aprobación de todo lo bueno. No hay palabras para expresar cómo me haces sentir. Me humillo en tu presencia y me renuevo en tu luz. ¡Te alabo, Señor!

# OPTAR POR LA VIDA

*Hoy pongo al cielo y a la tierra por testigos contra ti,
de que te he dado a elegir entre la vida y la muerte,
entre la bendición y la maldición. Elige, pues, la
vida, para que vivan tú y tus descendientes.*

DEUTERONOMIO 30.19 NVI

Señor, hoy escojo la vida: decido vivir, trabajar y entregarte mi ser. En lugar de ver todo lo que no tengo, prefiero enfocarme en todo aquello con que me has bendecido: familia, amistades, un hogar, un empleo, ropa en el cuerpo, alimento en el estómago… Ah, Señor, la lista es interminable. ¡Muchísimas gracias por ser mi vida hoy y cada día! Me aferro a ti en todo momento. ¡Vive a través de mí!

## Un Dios maravilloso

*La bendición del Señor es la que enriquece,*
*y él no añade tristeza con ella.*

PROVERBIOS 10.22 LBLA

Tu presencia, tus bendiciones y tu amor enriquecen mi vida y le dan plenitud. No me preocupa lo que otros tengan y yo no. Me llena de alegría lo que sí tengo, ¡principalmente a ti! No hay nada más grande que tú, Señor. Eres un Dios maravilloso. Nada que yo haga puede ser más grande que tu palabra y tus promesas. Te alabo por lo que estás haciendo en mi vida, por enriquecerme más allá de mis sueños más descabellados mientras vivo y respiro en ti.

# BENEFICIOS DIARIOS

*Bendito el Señor; cada día nos colma de
beneficios el Dios de nuestra salvación.*

SALMOS 68.19

¡Estoy saturado de beneficios! ¡Bendecido
de modo incomparable! Tú, el Dios de mi
salvación, el Amigo que dio su vida por mí, Aquel
que está conmigo en medio de incendios,
inundaciones y hambres, ¡Quien nunca me dejará ni
me olvidará! Hoy es un nuevo día, y para mí tienes
beneficios esperándome allá afuera. Empiezo el día
en mi caminar diario hacia ti, dejando mis cargas
detrás y centrándome en los beneficios por delante.
Y cuando venga a ti al concluir la jornada estarás
esperándome, al final del camino, con palabras de
aliento.

# ENFOQUE ADECUADO

*Yo derramaré aguas sobre el sequedal, y ríos sobre
la tierra árida; mi Espíritu derramaré sobre tu
generación, y mi bendición sobre tus renuevos.*

ISAÍAS 44.3

Señor, tengo sed, me secan las exigencias de este
mundo. De muchas maneras estoy en necesidad.
Ayúdame a no centrarme en lo que no tengo sino en
ti y en las bendiciones que has preparado para mis
renuevos y para mí. Derrama ahora tu Espíritu sobre
mí. Lléname con tu presencia. Dame esperanza para
este día. Anticipo bendiciones que me esperan en
cada esquina. Gracias Señor por cuidarme tanto.
¡Tú, mi Salvador, eres la bendición más grande de
todas!

# Un símbolo y una fuente de bendición

*Así os salvaré y seréis bendición. No temáis,*
*mas esfuércense vuestras manos.*

Zacarías 8.13

Señor, tu Hijo ya me ha rescatado. ¡Siento gran gozo! Me has convertido en un símbolo de esa salvación y en fuente de bendición para otros. No tengo miedo de lo que pasa en este mundo porque estoy seguro de tus promesas. Seré fuerte y confiaré en los beneficios que derramas sobre mí, y podré extenderme para alcanzar a otros de modo que ellos también reciban el beneficio de tus bendiciones. ¡Qué poder! ¡Qué confianza! ¡Qué esperanza!

# Mis finanzas
## El poder del contentamiento

## CONTENTAMIENTO APRENDIDO

*He aprendido a contentarme, cualquiera que sea mi situación.*

FILIPENSES 4.11

Señor, estoy muy feliz tal como me encuentro.
No hay nada mejor que estar en tu presencia,
buscando tu rostro. Gracias por todas mis bendiciones,
en buenos y malos tiempos. Gracias por tu Hijo, quien
murió en la cruz para que yo viviera eternamente.
Gracias por tu Palabra y por los tesoros que en ella
encuentro. Comienzo este día con el firme poder
del contentamiento en mi corazón. Guíame a donde
desees. Estoy listo a seguirte.

# PODER PARA TRABAJO FUTURO

*Recuerda al SEÑOR tu Dios, porque es él quien te da el poder para producir esa riqueza; así ha confirmado hoy el pacto que bajo juramento hizo con tus antepasados.*

DEUTERONOMIO 8.18 NVI

Prometiste bendecirme y bendecir a los míos. Gracias por las bendiciones espirituales, físicas y económicas que has vertido sobre mí. Me das las fuerzas físicas para trabajar cada día, a fin de mantenerme y sustentar a mi familia. Tu Palabra me provee la fortaleza espiritual para batallar contra las artimañas que el maligno pone en mi camino. Gracias por escuchar mis oraciones, mañana tras mañana, fortaleciéndome en mi trabajo por delante.

# Trabajo constante

*El que labra su tierra se saciará de pan; mas el que
sigue a los vagabundos es falto de entendimiento.*

Proverbios 12.11

Señor, muéstrame cómo estar satisfecho con mi
trabajo. Sé que debo trabajar con diligencia para
así poder proveer para mi familia, pero no tengo
seguridad de que esto sea lo que me has llamado
a hacer. Me siento atrapado. ¿Ir tras el trabajo con
que sueño será tu voluntad para mí o solo es un
capricho? Llévame por el camino que debo andar.
Ayúdame a contentarme en mi trabajo actual y con
el dinero que estoy obteniendo. Pero si es tu
voluntad, dame el valor para ir tras los sueños que
tienes para mí.

# Primeros frutos para Dios

*Honra al Señor con tus riquezas y con los primeros frutos de tus cosechas. Así tus graneros se llenarán a reventar y tus bodegas rebosarán de vino nuevo.*

Proverbios 3.9-10 NVI

¡Otro cheque de pago! Gracias Dios por darme fuerzas para trabajar cada día. Gracias por el dinero que sostengo en mis manos. Ayúdame a recordar que este dinero no es mío sino tuyo. Vengo a ti esta mañana pidiéndote que me digas cuánto quieres que te dé y, si así lo indicas, también dar algo a otros. Puesto que me has bendecido tan ricamente, quiero bendecir tu iglesia, tus ministerios, tu pueblo. Dime Señor cuánto deseas que dé, y lo haré sabiendo que me bendecirás.

# El poder del contentamiento

*Gran ganancia es la piedad acompañada de
contentamiento; porque nada hemos traído a este mundo,
y sin duda nada podremos sacar. Así que, teniendo
sustento y abrigo, estemos contentos con esto.*

1 Timoteo 6.6-8

Oh Señor, me siento como si lo tuviera todo.
Contigo en mi vida no debo preocuparme
de nada. Porque así como vistes las flores que no
trabajan ni hilan, y alimentas las aves que no
siembran ni siegan, harás aun más por mí. No me
preocupa qué comeré, qué vestiré, qué beberé o
qué ganaré hoy. Dejo en tus manos todas mis
preocupaciones, sabiendo que tú proveerás. Eres lo
primero en mi vida.

# ESPERANZA EN DIOS,
## RIQUEZA EN GENEROSIDAD

*A los ricos de este siglo manda que no sean altivos, ni
pongan la esperanza en las riquezas, las cuales son
inciertas, sino en el Dios vivo, que nos da todas las
cosas en abundancia para que las disfrutemos. Que
hagan bien, que sean ricos en buenas obras, dadivosos,
generosos; atesorando para sí buen fundamento para
lo por venir, que echen mano de la vida eterna.*

1 TIMOTEO 6.17-19

Estoy poniendo mi esperanza en ti, Señor,
porque tú me proporcionas todo para disfrutarlo.
Tu tesoro de la creación —árboles, flores, hijos,
animales, atardeceres, estrellas— son maravillas a
mis ojos y un bálsamo para mi corazón. Contigo
supliéndome todo lo que necesito puedo hacer
buenas obras, estar listo para compartir, y así
acumular tesoros en el cielo. Esta manera de vivir,
envuelta en tu presencia, es la verdadera. Mantén
mis pies seguros en esta senda. Cuida de mí hoy y
durante los días venideros.

# Dios, mi tesoro

*Aunque se multipliquen sus riquezas,*
*no pongan el corazón en ellas.*

Salmos 62.10 nvi

Todas las cosas temporales que ahora me rodean se convertirán un día en cenizas y polvo. No significan nada en comparación con las riquezas que hallo al estar contigo. Aunque la situación ahora esté buena, quizás mañana no sea así. Por tanto mi enfoque no estará en qué tengo o no tengo sino en acercarme más a ti, en aprender tus caminos, en vivir lo que has planeado para mí.

## Confianza en el Señor

*Bendito el hombre que confía en el Señor,*
*y pone su confianza en él.*

Jeremías 17.7 NVI

Señor, eres tú en quien confío, no en lo que me rodea, posesiones que el dinero puede comprar. Esas cosas no tienen vida. No son eternas. Nunca me salvarán. Solo tú puedes hacerlo. Y cuando yo muera, esos artículos terrenales ya no existirán en mi mundo porque estaré contigo en los eternos lugares celestiales. Además, pasaré mi vida confiando y enfocándome en ti, sabiendo que tú, mi Buen Pastor, me cuidarás, supliéndome todo lo que necesito y más.

# Mis amigos
## El poder de dar ánimo

### Amor constante

*En todo tiempo ama el amigo.*

Proverbios 17.17

¡Lo único que necesito es amor! Eso es todo lo que necesito ahora de mis amigos: las personas que se preocupan por mí, quienes me desean lo mejor, aquellos que nunca me dejarán. Pero cuando miro mi pasado me pregunto si siempre *he* amado a mis amigos. Me refiero a ese amor constante, eterno y firme, la clase de amor que tú muestras por nosotros. Perdóname Señor por las ocasiones en que no he estado a la altura, por las veces en que he quedado tan atrapado en el ajetreo momentáneo que no mostré amor a una amistad que lo necesitaba de veras. Señor, lléname y llena a mis amigos con tu amor, y ayúdanos a dejar que el amor fluya libremente hacia todos aquellos que encontremos.

# Ámense unos a otros

*Así como yo los he amado, también ustedes
deben amarse los unos a los otros.*

Juan 13.34 nvi

Qué ejemplo de amor nos das, Jesús. Diste tu vida por todo el mundo… aunque éramos pecadores. Inúndame con esa clase de amor, Señor, con ese amor sacrificial. Muy a menudo mis pensamientos parecen centrarse solo en mí y en mis deseos. Ayúdame a cambiar eso siguiendo tu ejemplo. Quiero ser como tú, servir a otros con compasión, comprensión, paciencia y bondad. Concédeme ese poder, ese anhelo, de amar a quienes me aman, a quienes me odian, y a quienes me son indiferentes.

# Volver la otra mejilla

*Después de haber orado Job por sus amigos, el Señor lo hizo prosperar de nuevo y le dio dos veces más de lo que antes tenía.*

Job 42.10 NVI

Job oró por sus amigos aunque estos le habían demostrado hipocresía. Ese es un verdadero amigo, Señor. Y lo bendijiste cuando hizo esto, dándole el doble de lo que poseía antes. Ese es el verdadero poder del perdón. Tú conoces las relaciones que tengo con mis amistades. A veces es difícil pasar por alto las ofensas que me hacen. Ayúdame a ser más como Job, a aprender a volver la otra mejilla y servir realmente a amigos que me desilusionan. Te pido esa clase de compasión y dedicación hacia mis amistades, Señor.

# LEALTAD

*¿Es este tu agradecimiento para con tu amigo?*
*¿Por qué no fuiste con tu amigo?*

2 SAMUEL 16.17

Señor, quiero ser mejor amigo para aquellos que amo. Ayúdame a ser alguien digno de confianza y dedicado a otros. Ayúdame a poner los deseos de mis amigos por sobre los míos. Dame el poder de animar, para que así pueda estar al lado de ellos con una palabra adecuada y un hombro en el cual apoyarse, con amor en mi corazón y una oración en mis labios. Quiero ser como Jonatán para David. Deseo vestir a otros con la calidez de la amistad. Haz de mí un verdadero amigo. ¿A quién puedo ayudar hoy día?

# La lealtad de los amigos

*Aunque uno se aparte del temor al Todopoderoso,*
*el amigo no le niega su lealtad.*

JOB 6.14 NVI

Dios, después de atravesar un tiempo de aflicción comprendo quiénes son mis verdaderos amigos. Algunos se han alejado de mí, a otros les he sido indiferente, y a unos más ya no les interesa mi compañía. No puedo mentir; estas personas me han desilusionado. Pero también me han bendecido amigos que están conmigo en las buenas y las malas, amistades que te han modelado en sus vidas. Gracias por estos amigos. Ojalá yo resulte digno de tal lealtad. Y también gracias Señor por tu amistad y perdón eternos. ¡Eres Aquel a quien alabo!

## AMOR PERDONADOR

*Amados, amémonos unos a otros; porque el amor es de Dios.*
*Todo aquel que ama, es nacido de Dios, y conoce a Dios.*

1 JUAN 4.7

Tú eres amor y viniste al mundo a mostrarnos ese amor. Cuando amamos a otros estamos haciendo aquello que nos llamaste a hacer. Pero ahora mismo Señor necesito ayuda para tragarme el rencor que siento hacia una amistad que me ha traicionado, y sin tu ayuda no sé cómo puedo volver a amarla. Esta mañana oro pidiéndote ese amor perdonador. Soy salvo, he nacido de nuevo, y te conozco. Ahora te pido que tu amor me llene hasta rebosar. Ayúdame a perdonar. Sana mis heridas, oh Señor, mi fortaleza y mi canción.

# BENDECIDO CON AMISTADES

*El perfume y el incienso alegran el corazón;*
*la dulzura de la amistad fortalece el ánimo.*

PROVERBIOS 27.9 NVI

Existen muchas cosas maravillosas en esta vida, Señor. La fragancia del aliento de un bebé, el toque de una mano cálida, el sabor del chocolate negro… pero una buena palabra, un buen hecho o un buen pensamiento de parte de un amigo es aun mejor. En ocasiones me deprimo mucho, y entonces un amigo me bendice y pienso en ti. Tú y el amor que das es lo que nos hace querer llegar hasta otros. Gracias por bendecir mi vida con amistades.

# Nuevos amigos

*Si caen, el uno levanta al otro. ¡Ay del que
cae y no tiene quien lo levante!*

Eclesiastés 4.10 nvi

Señor, afuera hay individuos difíciles de amar;
ayúdame a ver más allá de su frío proceder, de
su timidez, y de sus palabras y actitudes negativas.
Tú nos amas a cada uno de nosotros y quieres que
todos seamos amigos. Y si fuéramos amigos hasta
de nuestros enemigos, el mundo al menos estaría
en paz. Nadie merece estar solo. Concédeme valor
para extenderme a todas las personas y hacer nuevos
amigos.

# MI ESTRÉS
## El poder del descanso y el refrigerio

## SOBRE ALAS DE ÁGUILAS

*Ustedes son testigos de lo que hice con Egipto, y de que los he traído hacia mí como sobre alas de águila.*

ÉXODO 19.4 NVI

Dios, necesito que me levantes por sobre todos estos problemas, por encima de mis circunstancias, por encima de mi impotencia. Llévame a tu lugar en las alturas, donde yo pueda encontrar mi aliento, donde pueda sentarme contigo, donde pueda hallar la paz de tu presencia. Solo tú puedes ayudarme a sobrellevar esto. Siento que estoy a la deriva, y que tus fuertes brazos me acercan a ti, tu aliento me acaricia el rostro. Gracias Señor por salvarme el alma. ¡Mi espíritu se regocija!

# Llamada de emergencia

*En mi angustia invoqué al Señor; llamé a mi Dios, y él*
*me escuchó desde su templo; ¡mi clamor llegó a sus oídos!*

2 Samuel 22.7 NVI

No sé cómo manejar esta aflicción que estoy
experimentando, Señor; no sé qué hacer, pero
solo tengo seguridad en algo: Tú sí puedes manejarla.
Me oyes cuando clamo a ti, y me llevas directamente
a tu presencia. Estás listo para escuchar mis gemidos
y súplicas. Ayúdame Señor a encontrar la fortaleza
para soportar.

# DIRECCIÓN NECESARIA

*Así dice el SEÑOR: «Deténganse en los caminos
y miren; pregunten por los senderos antiguos.
Pregunten por el buen camino, y no se aparten
de él. Así hallarán el descanso anhelado».*

JEREMÍAS 6.16 NVI

Señor, me presento ante ti, de pie aquí en busca
de tu rostro. Necesito dirección. Me siento
completamente perdido y solo. Pero tú estás aquí
conmigo, para llevarme y guiarme, para mostrarme
el camino por el que debo andar. En ti, y solo en ti,
puedo encontrar descanso para mi alma. Dame la
paz de Jesús; paz como de un río. Paz… paz… paz…
Señor, dame paz.

# CARRERA HACIA DIOS

*Como el ciervo brama por las corrientes de las*
*aguas, así clama por ti, oh Dios, el alma mía.*
*Mi alma tiene sed de Dios, del Dios vivo.*

SALMOS 42.1-2

He estado corriendo, corriendo, corriendo en
todas las distintas direcciones, pero debo correr
ahora hacia ti y permanecer allí en tu presencia.
Tengo sed de ti como nunca antes la había tenido.
Mi futuro parece sombrío. No logro ver más allá de
mis problemas. Pero ahora me centro en tu luz, que
me calienta la piel, me acaricia el corazón, y le habla
a mi alma. Uno mi espíritu con el tuyo y reposo aquí
a tus pies.

## ENCOMIENDA LAS CARGAS AL SEÑOR

*Encomienda al SEÑOR tus afanes, y él te sostendrá;*
*no permitirá que el justo caiga y quede abatido*
*para siempre. ... Yo, por mi parte, en ti confío.*

SALMOS 55.22-23 NVI

Señor, mis cargas son muy pesadas. Me duelen los huesos por toda la presión. Con cada respiración que doy me acerco más a ti. Con cada latido del corazón estoy más cerca de tu paz. Toca mi cuerpo Señor, y también mi corazón y mi alma. Mi espíritu quiere aferrarse a ti en busca de fortaleza, amor y compasión. Aleja la aflicción y lléname con tus fuerzas. Ayúdame a reposar en tu presencia. Bríndame de tus labios una palabra de consuelo. Llévate las cargas de mí. Ayúdame a ponerlas a tus pies.

## SACADO DEL FOSO

*No temas, porque yo estoy contigo; no desmayes, porque*
*yo soy tu Dios que te esfuerzo; siempre te ayudaré,*
*siempre te sustentaré con la diestra de mi justicia.*

ISAÍAS 41.10

Me encuentro en gran desolación. No entiendo lo que pasa ni por qué está sucediendo. Lo único que sé es que estoy muy estresado y que parece que ya no logro entender nada. Sácame de este foso, Señor. Confío en ti. Sé que puedes protegerme, que me puedes ayudar a levantarme por encima de mis problemas, porque has vencido al mundo. Sé que soy valioso a tu vista y que no dejarás que alguna cosa me haga daño. ¡Sálvame, levántame, encuéntrame ahora!

# Seamos genuinos

*Hermanos míos, considérense muy dichosos cuando
tengan que enfrentarse con diversas pruebas, pues ya
saben que la prueba de su fe produce constancia. Y la
constancia debe llevar a feliz término la obra, para
que sean perfectos e íntegros, sin que les falte nada.*

Santiago 1.2-4 nvi

Dios, últimamente no he estado manejando
muy bien el estrés. ¿Cómo me metí en estas
situaciones? Sé que debo considerar un desafío al
hecho de estar bajo presión, pero ahora mismo me
siento confrontado. Señor, ayúdame a encontrar
gozo en el viaje, a recordar que pase lo que pase, tú
me acompañas. Que la presión que hay ahora sobre
mí me haga más como Cristo. Señor, ¡oro porque me
inunde tu paz!

# BENDICIONES EN MEDIO
## DE LA TORMENTA

*Vuelve, alma mía, a tu reposo, porque el
SEÑOR te ha colmado de bienes.*

SALMOS 116.7 LBLA

Señor, cuando me pongo a pensar en las maneras en que me has bendecido y en que sigues bendiciéndome, aun a través de estas pruebas, me impresiono y te doy gracias. Así como me has liberado en el pasado, libérame otra vez de las aflicciones que yacen delante de mí. Aligera las cargas de mis hombros caídos. Las dejo al pie de tu cruz, de acuerdo con tus instrucciones. Gracias Señor. Te amo en gran manera. Ahora con cada respiración que doy me libero de preocupaciones y entro en tu reposo.

# MI IGLESIA
## El poder de la unidad

## EDIFICAR A OTROS

*Considerémonos unos a otros para estimularnos al amor
y a las buenas obras; no dejando de congregarnos, como
algunos tienen por costumbre, sino exhortándonos.*

HEBREOS 10.24-25

Señor, pronto estaré reuniéndome con otras
personas en la iglesia. Quiero animar a tus
siervos, estimulando a otros y acercándolos más a ti.
Planta en mi corazón palabras de consuelo que yo
pueda usar para edificar a los demás. Señálame hoy
un versículo de mi lectura bíblica que alguien más
deba oír. Dame el momento adecuado y las palabras
correctas. Y si debo escuchar las necesidades de
alguien más, dame la sabiduría del silencio. Dirígeme
a hacer tu voluntad este día.

# ORACIÓN INCESANTE

*La iglesia hacía sin cesar oración a Dios por él.*

HECHOS 12.5

Dios, celebro cómo los amigos de Pedro oraron por él cuando se hallaba en la cárcel, cómo intercedieron constantemente por el apóstol. ¡Tú enviaste un ángel a visitar a Pedro, y al apóstol se le cayeron las cadenas! Ayúdame hoy a ser tal clase de guerrero de oración. Señor, dime por quién orar esta mañana. Y que tal liberación venga sobre esa persona según tu voluntad.

# Jesús en medio de nosotros

*Donde están dos o tres congregados en mi
nombre, allí estoy yo en medio de ellos.*

Mateo 18.20

Señor, es tan maravilloso que al reunirnos los
creyentes, así seamos solo dos, ¡tú te manifiestes!
¡Estás en medio de nosotros! Nos amas en gran
manera. Permanece hoy con tu cuerpo de creyentes,
Señor, dondequiera y cuandoquiera que se reúnan
alrededor del mundo. Muéstrales tu poder y tu
presencia. Respóndeles hoy sus oraciones, Señor.
¡Todo para tu gloria!

# TESTIMONIO DE CREYENTES

*Llegados a Jerusalén, fueron recibidos por la iglesia*
*y los apóstoles y los ancianos, y refirieron todas*
*las cosas que Dios había hecho con ellos.*

HECHOS 15.4

Señor, cuando oigo a otras personas contar lo que tú has hecho en sus vidas, esos testimonios fortalecen mi propia fe. Me dan escalofríos cuando escucho las maravillas de tus hechos. Dame el valor para contar mi testimonio a otros, sabiendo que esto acercará incrédulos hacia ti, y que fortalecerá los corazones de quienes ya te conocen. Gracias Señor por oír mi oración.

# MINISTROS

*Si alguno habla, hable conforme a las palabras de
Dios; si alguno ministra, ministre conforme al poder
que Dios da, para que en todo sea Dios glorificado
por Jesucristo, a quien pertenecen la gloria y el
imperio por los siglos de los siglos. Amén.*

1 PEDRO 4.11

Traigo ante ti esta mañana al ministro de mi
iglesia. Concédele fuerzas mientras consuela,
aconseja y anima a las ovejas de tu rebaño. Ayúdalo
mientras prepara la prédica para este domingo,
mientras se reúne con los líderes de la iglesia y
trabaja durante toda la semana. Protégelo del mal
que lo rodea. Llénalo con tu luz, úngelo con tu
Espíritu, y dale el mensaje que tu pueblo necesita oír.

# Un cuerpo

*Somos miembros los unos de los otros.*

Efesios 4.25

Cuando uno de nosotros sufre, Señor, a todos nos duele. Algunos miembros de mi iglesia están sufriendo, otras están agotadas, unas más padecen mala salud y trastornos mentales, y aun otras atraviesan necesidades económicas. Señor, bendice a las personas que conforman el cuerpo de mi iglesia. Dales amor y consuelo. Haz de este cuerpo un organismo unido y fortalecido por tu Espíritu y tu amor, reunido en tu presencia, y conformado para hacer tu voluntad.

# CÁNTICOS DE ALABANZA

*Anunciaré a mis hermanos tu nombre,*
*en medio de la congregación te alabaré.*

HEBREOS 2.12

Señor, lo único que deseo hacer en la iglesia es alabar. No me importa con qué clase de música, sea contemporánea o tradicional, mientras te edifique. Solo sé que quiero estar con otros creyentes y en tu presencia. Concédeme la maravillosa gracia de estar alabándote con compañeros creyentes en medio de la iglesia. ¡Gracias por el gozo de la música, Señor!

# SIERVOS DE LA IGLESIA

*Ustedes son el cuerpo de Cristo, y cada uno es miembro
de ese cuerpo. En la iglesia Dios ha puesto, en primer
lugar, apóstoles; en segundo lugar, profetas; en tercer lugar,
maestros; luego los que hacen milagros; después los que
tienen dones para sanar enfermos, los que ayudan a otros,
los que administran y los que hablan en diversas lenguas.*

1 CORINTIOS 12.27-29 NVI

Asombra la cantidad de talentos que tienen las
personas. Por favor, Señor, bendice a quienes
tienen dones y a quienes ayudan a servir en tu
iglesia. Dales sabiduría, energía y tiempo para que
hagan lo que has designado. Ayúdales a no agotarse.
Habla por favor a los corazones de quienes
simplemente están sentados en las bancas, e ínstalos
a realizar una tarea para ti. Gracias por los dones
que me has otorgado. Ayúdame a usarlos para tu
gloria.

# MI TRABAJO
El poder del compromiso

## GUIADOS POR EL ESPÍRITU SANTO

*Andad en el Espíritu. … Si vivimos por el*
*Espíritu, andemos también por el Espíritu.*

GÁLATAS 5.16, 25

Señor, comprendo que el Espíritu Santo está esperando guiarme. Ábreme hoy la mente, el corazón y los oídos a su voz. Calma el constante parloteo en mi cabeza que se la pasa recordándome todas las tareas que debo hacer hoy. Indícame el plan que ya has trazado para mi vida. Moldéame en la persona que quieres que yo sea, de tal manera que pueda realizar aquello para lo que me creaste. Guíame paso a paso, Señor. Comprometo mi camino y planes para tu propósito.

# MI PROPÓSITO

*Toda obra del SEÑOR tiene un propósito.*

PROVERBIOS 16.4 NVI

Dios, ¿qué se supone que debo hacer? No tengo mucha seguridad de por qué estoy en este empleo. ¿O quizás yo no deba tener una profesión sino ser padre o madre de tiempo completo en el hogar? ¿He tomado la decisión equivocada? ¿Estoy andando en tu voluntad, o me estoy dejando llevar por mis deseos? Muéstrame Señor qué camino quieres que tome. Dime por favor si hay algún nuevo desafío que deseas que yo emprenda. Déjame oír tu voz. Renuévame la mente esta mañana para que pueda conocer tu buena y perfecta voluntad para mi vida.

# CON LA PLENITUD DEL ESPÍRITU

*Lo he llenado del Espíritu de Dios, en sabiduría*
*y en inteligencia, en ciencia y en todo arte.*

ÉXODO 31.3

Tú me has llenado con tu Espíritu. Me has dado sabiduría, entendimiento, educación y talento para muchas líneas de trabajo. Muéstrame cómo utilizar mi conocimiento, mi raciocinio y mis habilidades para hacer la obra que me has encomendado. Muéstrame las sendas que quieres que tome. ¿Qué deseas que haga con mis manos, con mi vida y mis dones? Todos ellos vienen de ti, el Único a quien deseo servir.

# UNA MENTE NUEVA

*No se amolden al mundo actual, sino sean transformados mediante la renovación de su mente. Así podrán comprobar cuál es la voluntad de Dios, buena, agradable y perfecta.*

ROMANOS 12.2 NVI

Estoy muy confundido, Señor. Parece que hoy día tengo la disposición mental errónea. En lugar de buscar tu guía parece que me estoy enfocando en los aspectos mundanos de la vida. Y sé que allí no es donde quieres que estén mis pensamientos. Dame la mente de Cristo. Simplifica mis necesidades. Cambia mi vida, mis pensamientos y mis deseos. Quiero una vida buena, perfecta y que te agrade.

# El Dios correcto

*Si llegas a olvidar al Señor tu Dios, y sigues a otros
dioses para adorarlos e inclinarte ante ellos, testifico
hoy en contra tuya que ciertamente serás destruido.*

DEUTERONOMIO 8.19 NVI

Señor, no quiero pasar toda la vida trabajando
por dinero, poder, posesiones, posición o rango
social. Deseo vivir para ti, trabajar para ti, estar
contigo; quédate en la vanguardia de mi mente esta
mañana y durante todo el día de hoy. Eres Aquel a
quien adoro y sirvo. Tú y nadie más. Vive este día a
través de mí. Concédeme alegría a lo largo del viaje.
Llévame a la fuente de bendición eterna. ¡Gracias,
Señor, por salvar mi alma para que tú la uses!

## DIOS BRINDA EL PODER

*No sea que digas en tu corazón: «Mi poder y la*
*fuerza de mi mano me han producido esta riqueza».*
*Mas acuérdate del SEÑOR tu Dios, porque él es*
*el que te da poder para hacer riquezas.*

DEUTERONOMIO 8.17-18 LBLA

Tú eres Aquel que me has conducido hasta
donde estoy ahora. Gracias Dios por darme
poder y fortaleza. Todas las bendiciones que tengo
en esta vida provienen de tu mano. Sigue guiándome
en tu senda. Mis oídos buscan desesperadamente
oír tu voz. Mi corazón ansía tu presencia. Aunque
quizás no tenga riquezas en el sentido humano, las
tengo en amor para ti. Fomenta mi conocimiento
y aumenta mis talentos para poder llevar a cabo la
obra que deseas.

# Un lugar para mis dones

*Ejercita el don que recibiste.*

1 Timoteo 4.14 nvi

Señor, actualmente no estoy usando los dones que creo que me has dado. Ayúdame a encontrar un lugar donde pueda utilizar mis talentos, mi experiencia y mi conocimiento para tu bien. Y mientras esté en este cargo actual, ayúdame a hacer mi trabajo para tu gloria, porque eres el administrador de mi vida. Dame tu paz, gozo y dirección. Necesito con gran desesperación pasar estos momentos en tu presencia a fin de preparar mi espíritu para las tareas de este día. No me dejes, Señor. Permanece en mi corazón ahora y para siempre.

# Trabajar para honrar a Dios

*Háganlo todo para la gloria de Dios.*

1 Corintios 10.31 NVI

Todo lo que hago y tengo es para honrarte y glorificarte a ti, ¡no a mí mismo! Soy embajador de tu Hijo unigénito, Jesucristo. Concédeme hoy esa actitud, de tal manera que todo aquel que me mire, me oiga y me hable vea el rostro y sienta la presencia de Jesús en mí. Quiero menguar para que él crezca. Soy tu siervo, Señor; ayúdame a servir con mayor productividad y creatividad. ¡Señor, todo para tu honra!

# Mis relaciones

## El poder del perdón

### PERDÓN DE DOBLE VÍA

*Cuando estén orando, si tienen algo contra alguien,
perdónenlo, para que también su Padre que está
en el cielo les perdone a ustedes sus pecados.*

MARCOS 11.25 NVI

Es una calle de doble vía, Señor: perdonamos a otros, y entonces tú nos perdonas. Sé que he leído ese versículo centenares de veces, pero nunca lo había entendido más que hoy. Dame la fuerza de tu perdón esta mañana, Señor. Ayúdame a amar y a no odiar a quienes me han ofendido. Gracias por liberarme del veneno de la falta de perdón que se ha estado desarrollando dentro de mí.

# DIOS CONOCE EL CORAZÓN
## DE MIS COLEGAS

*Tú oirás desde los cielos, desde el lugar de tu morada,*
*y perdonarás, y darás a cada uno conforme a sus*
*caminos, habiendo conocido su corazón; porque sólo*
*tú conoces el corazón de los hijos de los hombres.*

2 CRÓNICAS 6.30

Señor, tú puedes ver dentro del corazón de todo el mundo. Conoces lo bueno y lo malo en todos nosotros. Ahora mismo siento que mi compañero de trabajo me ha infligido solamente lo malo. Pero tal vez en su vida estén pasando otras cosas que no veo ni conozco. Sin embargo, tú lo sabes todo. Por favor, Señor, ayúdame a perdonarlo así como tú me perdonas. Y cuando lo vea hoy, pon paz en mi corazón, pon en mí las palabras adecuadas que deba decir, y pon mucho amor.

# Perdón para mi amigo

*Si tu hermano peca, repréndelo; y si se arrepiente, perdónalo. Aun si peca contra ti siete veces en un día, y siete veces regresa a decirte «Me arrepiento», perdónalo.*

Lucas 17.3-4 NVI

He vivido esto, Señor. ¡No sé cuánto más pueda resistir! ¿Vale esta amistad todo este sufrimiento? Señor, cálmame por favor. Proporcióname la actitud correcta. Tu Palabra dice que no importa cuántas veces me ofenda, si mi amigo se arrepiente y promete no volver a hacerlo, debo perdonarlo. Bueno, vas a tener que darme ese poder, porque ya no me queda nada. Por favor, obra, vive y ama a través de mí. Ayúdame a perdonar a mi amigo.

# FÁCILMENTE OFENDIDO

*Les daré un nuevo corazón, y les infundiré un espíritu nuevo; les quitaré ese corazón de piedra que ahora tienen, y les pondré un corazón de carne.*

EZEQUIEL 36.26 NVI

Señor, tengo mucha ira dentro de mí por lo malo que me han hecho durante todo el día. Incluso cuando estoy afuera en el tráfico y alguien se me atraviesa, me molesto mucho. O cuando mi familia viene a la mesa del comedor y nadie aprecia todo lo que me he esforzado para preparar esta comida, sino que se quejan por cualquier cosa, ¡solo me dan deseos de gritar! Concédeme ese corazón nuevo. Vacía este corazón de piedra que tan fácilmente se ofende. Llénalo con tu amor.

# Sin lanzar culpas, por favor

*Más bien debieran perdonarlo y consolarlo para que no sea consumido por la excesiva tristeza.*

2 Corintios 2.7 nvi

No sé por qué, Señor, pero me la paso recordando antiguas ofensas y restregándoselas a quienes me han herido. Sé que no es así como quieres que me comporte. Si sigo haciendo esto, no sé a cuántas personas alejaré de mi vida. Además no estoy siendo un buen ejemplo cristiano. Ayúdame a perdonar a otros y a no recordarles sus fechorías pasadas. Ayúdame a derramar tu amor en todas esas personas.

# EXTENDAMOS EL PODER DE PERDONAR

*Yo he orado por ti, para que no falle tu fe. Y tú, cuando te hayas vuelto a mí, fortalece a tus hermanos.*

LUCAS 22.32 NVI

Señor, cuando Pedro te negó tres veces lloró en gran manera. Sé exactamente cómo se sintió. Pero tú *sabías* lo que él iba a hacer, y le diste palabras para evitar que se revolcara en la autocompasión. Después que volvió a ti le dijiste al apóstol que fortaleciera a sus hermanos. Por tanto, vengo ante ti esta mañana, pidiéndote que me perdones y que me ayudes a perdonarme. Luego, Señor, dame la oportunidad de fortalecer a otros que lidian con la falta de perdón. Ayúdame a animarlos para que se reconcilien con aquellos a quienes han ofendido o con quienes los han herido. Todo para tu gloria, Señor.

# EN NECESIDAD DE MISERICORDIA

*El que encubre sus pecados no prosperará; mas el que
los confiesa y se aparta alcanzará misericordia.*

PROVERBIOS 28.13

Señor, estoy muy enojado conmigo mismo. He estado haciendo mal y ocultándolo de todo el mundo. Hasta creí que lo podía ocultar de ti, pero tú lo conoces todo. Perdóname por favor por no admitir mis pecados ante ti. Ayúdame a ser mejor. No quiero vivir de este modo. A veces no puedo soportarme a mí mismo. Por favor, ayúdame a cambiar este comportamiento. Dame tu infinita misericordia y tu eterna bondad.

# ¡Perdóname!

*No bien decía: «Mis pies resbalan», cuando ya tu amor,
Señor, venía en mi ayuda. Cuando en mí la angustia iba
en aumento, tu consuelo llenaba mi alma de alegría.*

Salmos 94.18-19 NVI

Dios, volví a fallar. Apenas me logro perdonar.
Pero cuando mis pies resbalan, ¡tu piedad
me levanta! Perdona mis ofensas, Señor. Aleja este
sentimiento de ansiedad que tengo en mi interior.
Ayúdame a dejar de menospreciarme y reprenderme.
Mi confianza personal está por los suelos. Consuela
mi alma con tu presencia, tu amor y tu Espíritu. Y
mientras me perdonas, ayúdame a perdonar a otros.

# Mi matrimonio
## El poder del amor

## Dos en uno

*Por eso dejará el hombre a su padre y a su madre, y se unirá a su esposa, y los dos llegarán a ser un solo cuerpo. ... Así que ya no son dos, sino uno solo.*

MATEO 19.5-6 NVI

Señor, mi cónyuge y yo hemos sido unidos en uno solo. Te alabo y te agradezco por guiarme a mi otra mitad. Él/Ella es más de lo que alguna vez pude haber esperado o soñado. Bendice nuestro matrimonio, nuestra unión, nuestras vidas. Ayúdanos a acercarnos más el uno al otro cada año que pasa. Llévanos a cumplir con lo que nos has llamado a hacer, como uno solo de pie ante ti en este día.

# Mi recompensa en la vida

*Date buena vida con la mujer que amas en los fugaces*
*días de la vida, pues la esposa que Dios te da es la*
*mejor recompensa por tu trabajo aquí en la tierra.*

Eclesiastés 9.9 La Biblia al Día

La vida transcurre muy rápidamente, Señor. Sin embargo, durante esta preciosa cantidad de tiempo que tengo aquí en la tierra quiero disfrutar la vida con mi cónyuge. Él/Ella tiene gran valor para mí. Gracias por recompensarme con la presencia de mi consorte en la mañana al despertar y en la noche al apagar las luces. Gracias por llenarme durante el día con pensamientos de amor por mi cónyuge. Bendícelo esta mañana. Permite que tu amor fluya a través de mí hacia mi otra mitad.

# ROMANCE

*¡Oh, si él me besara con besos de su boca! Porque*
*mejores son tus amores que el vino.*

CANTARES 1.2

Señor, esto se pone cada vez mejor y mejor.
¡Qué maravilloso amor comparto con mi bello
y precioso cónyuge! Al principio de nuestra unión
nuestros besos eran tímidos y vergonzosos. Ahora
ardemos con una pasión que a veces es difícil de
saciar. A medida que pasan los años nuestro amor
se profundiza cada vez más en todo aspecto. Gracias
por mi amoroso cónyuge. Gracias por completarme
con su presencia. Gracias por el romance en nuestras
vidas.

# FORTALECIÉNDONOS MÁS CADA DÍA

*Si lo que perece tuvo gloria, mucho más*
*glorioso será lo que permanece.*

2 CORINTIOS 3.11

Señor, mi cónyuge y yo hemos estado pasando todos estos sufrimientos; no obstante, cada vez que superamos juntos un obstáculo, se fortalece más nuestro amor. Lo que tuvimos al principio de nuestro matrimonio era bueno, pero lo que tenemos ahora es mejor. Sigue ayudándonos al pasar por las aflicciones de esta vida. Ayúdanos a mantener un frente unido ante nuestros hijos. Y por sobre todo, que alabemos tu nombre por las maravillas y por el gozo del amor marital.

## DOBLE MORAL

*El amor sea sin fingimiento*

ROMANOS 12.9

Amado Dios, no lo puedo creer. Me molesté mucho con mi cónyuge pues creí que me estaba subestimando. Pero parece como si yo hubiera estado haciendo exactamente lo mismo. Señor, cuando estábamos recién casados pasábamos mucho tiempo juntos y hacíamos cosas especiales el uno por el otro, pero con el paso de los años parece que hemos caído en una rutina. Ayúdanos a valorarnos más uno al otro, Señor, comenzando esta mañana. Muéstrame cómo hacer que mi cónyuge sepa que para mí vale más que el oro o la plata.

# UNA PASIÓN FRESCA

*Las muchas aguas no podrán apagar el*
*amor, ni lo ahogarán los ríos.*

CANTARES 8.7

Me siento como si estuviéramos fingiendo, Señor. ¿Podría ser que hubiéramos dejado de querernos? Pero no es de eso de lo que trata el matrimonio, ¿verdad? Hay ocasiones en que parece como si nos hubiéramos dejado de querer, pero aún nos preocupamos el uno por el otro. Ayúdanos a ser pacientes. Ayuda a que nuestro amor renazca. Danos una pasión fresca el uno por el otro. Ilumina la llama de nuestro deseo, Señor. Mantennos como uno solo.

## HERIDO Y SANGRANTE

*Una cosa hago: olvidando ciertamente lo que queda
atrás, y extendiéndome a lo que está delante...*

FILIPENSES 3.13

Señor, ayúdanos a dejar atrás nuestros problemas
pasados y a enfocarnos en los días venideros.
Ayúdanos a olvidar algunas de las cosas que nos
hemos dicho y hecho mutuamente. Nuestro
matrimonio está herido y sangrante, Señor.
Necesitamos tu bálsamo de amor para curarlo.
Danos tu toque especial para que nunca nos
apartemos, porque lo que has unido no se debe
separar. Danos fortaleza, esperanza, sabiduría y guía.

# EL CÓNYUGE DE TU JUVENTUD

*Sea bendito tu manantial, y alégrate
con la mujer de tu juventud.*

PROVERBIOS 5.18

Mi cónyuge y yo estamos acumulando años. No nos parecemos a quienes éramos antes, ni pensamos ni actuamos como el día en que dijimos: «Sí». No obstante, nos sentimos muy bendecidos. Tú nos has dado mucho a través de este matrimonio. El amor que aún sentimos uno por el otro es insaciable. Nos regocijamos juntos en tu presencia. Que esta unión siga siendo bendecida por tu mano «hasta que la muerte nos separe».

# Mi familia
## El poder de las palabras

### ORACIÓN MATUTINA PIDIENDO PALABRAS PIADOSAS

*El Señor DIOS me ha dado lengua de discípulo,
para que yo sepa sostener con una palabra al
fatigado. Mañana tras mañana me despierta, despierta
mi oído para escuchar como los discípulos.*

ISAÍAS 50.4 LBLA

Señor, heme aquí esta mañana, esperando tus palabras de sabiduría. Necesito tener hoy una conversación con mi hijo y no sé qué decir o cómo decirlo. Dame dirección. Ábreme los ojos, el corazón y el espíritu para entender tu voluntad para mi hijo y para mí. Quiero saber cómo expresar palabras de consuelo, dirección y ayuda. Ayúdame, oh Señor. Guía las palabras de mi lengua.

# OFENSAS

*Todos ofendemos muchas veces. Si alguno no ofende en palabra, este es varón perfecto, capaz también de refrenar todo el cuerpo.*

SANTIAGO 3.2

Oh Dios, ¡si yo tan solo pudiera controlar la lengua! Mi vida es más como «Abrir la boca y meter la pata». Eso es precisamente lo que he hecho. ¿Existe una manera de remediar esta situación? Ayúdame en este propósito. Dame valor para ser humilde, ir ante mi hijo y admitir que lo ofendí. Que me perdone como lo he perdonado a menudo en el pasado, y como tú nos perdonas constantemente a todos. Ayúdanos a superar este incidente. Dame sabiduría para comportarme mejor la próxima vez. ¡Que todo sea para tu gloria!

# FRÉNAME LA LENGUA

*La muerte y la vida están en poder de la lengua,*
*y el que la ama comerá de sus frutos.*

PROVERBIOS 18.21

Señor, dije muchas cosas sin pensar… y ahora estoy sufriendo las consecuencias. ¿Cuándo aprenderé en qué momento callar? Parece que continuamente discuto acerca de algo hasta que mis hijos dejan de poner atención y de ser receptivos. Ayúdame a sopesar con cuidado mis palabras para decir solamente lo que quieres que diga. Dicho de otra forma, ¡enséñame a cerrar la boca!

# El poder de la Palabra de Jesús

*[Jesús dijo:] El Espíritu da vida; la carne no vale para nada.
Las palabras que les he hablado son espíritu y son vida.*

JUAN 6.63 NVI

Trato una y otra vez, pero mis esfuerzos son inútiles si no llego primero ante ti en oración. Debo hacer cosas en tus fuerzas porque de lo contrario soy improductivo. Necesito tu poder detrás de mí cuando hablo. Necesito tu fortaleza. Permite que tu Palabra me hable. Guía mi camino mediante tu tierna voz. Que mi espíritu y el tuyo se unifiquen en este día.

# EN NECESIDAD DE DISCIPLINA

*Corrige a tu hijo, y te dará descanso, y dará alegría a tu alma.*

Es más fácil hablar de disciplina que disciplinar. En realidad… parece dolerme más a mí que a mi hijo. ¿Es así Señor cuando tú me disciplinas? Eso es algo en qué pensar. Lo siento Señor por todo el dolor que te he causado. Eso me hace más fácil perdonar el dolor que mi hijo me ocasiona. Dame las palabras correctas que necesito para disciplinar hoy a mis hijos. ¡Concédeme la paz mental para que tanto mi corazón como finalmente el de ellos estén contentos!

## AMABILIDAD FRENTE A PALABRAS HIRIENTES

*El corazón entendido busca la sabiduría; mas la*
*boca de los necios se alimenta de necedades.*

PROVERBIOS 15.14

Las palabras me han dolido en el alma. Ahora sé cómo se sienten otros cuando los ofendo con mis palabras. Realmente duele. Me siento bastante agraviado. El estómago se me llena de furia, tristeza, vergüenza, amargura e ira. Señor, dame hoy un pensamiento adecuado de tu Palabra, escrituras que me sanen y me restauren. Quita de mí esta tristeza y reemplázala con un espíritu de perdón. Levántame hasta tu roca de refugio.

# EDIFICACIÓN

*Anímense y edifíquense unos a otros,*
*tal como lo vienen haciendo.*

1 TESALONICENSES 5.11 NVI

Está bien, Señor, hoy no se me cruzará por la mente ningún pensamiento negativo ni se me escapará por la boca. Esta mañana me empaparé en tu Palabra y saldré con una sonrisa en los labios. Quiero extender a otros el gozo que me siembras en el corazón. Dame las palabras apropiadas para expresar en el momento adecuado, a fin de edificar a otros. Otórgame palabras de elogio, sabiduría y ánimo.

## CÓMO VIVIR MI FE

*Si alguno se cree religioso entre vosotros, y no refrena su lengua, sino que engaña su corazón, la religión del tal es vana.*

SANTIAGO 1.26

Señor, quiero vivir mi fe delante de mis hijos y de los demás. Para hacerlo debo ser capaz de controlar lo que digo, pero a veces, aunque sé que es imposible, mi lengua parece tener «mente» propia. Ayúdame a refrenar la boca. Dame las palabras que llevarán a mis hijos ante ti. Ayúdame a llevar una vida rica en tu amor… y a que ese amor afecte lo que digo. Empieza conmigo esta mañana y muéstrame cómo vivir esta fe.

# Mis desafíos

## El poder de la audacia basada en la fe

### Disuadido del objetivo

*Ellos trataban de asustarnos, pensando que nos
desanimaríamos y que no llevaríamos a cabo
la obra; pero yo puse aún mayor empeño.*

Nehemías 6.9 dhh

Señor, estoy aquí tratando de realizar esta labor,
y otros intentan intimidarme diciéndome que
de ningún modo podré cumplir con el desafío que
has puesto delante de mí. Pero tengo fe en ti. Sé que
contigo en mi vida puedo hacer cualquier cosa que
me pidas. Ayúdame a no dejar que otros me disuadan
de mi meta. Concédeme la fe que David buscó en ti,
aquella fe que no vacila sino que sigue adelante con
valentía.

# Animémonos y trabajemos

*¡Anímense, y manos a la obra! El Señor
estará con los que actúen bien.*

2 Crónicas 19.11 NVI

Me estoy esforzando al máximo para cumplir mi cometido. Quiero hacer lo mejor que pueda, sabiendo que tú estás conmigo en todo el camino. Ayúdame a no entrar en pánico. El temor y la ansiedad no vienen de ti. Debo enfocarme en ti, a fin de levantar mi fe y mi confianza. Ayúdame a no desviarme de mi curso. Heme aquí, listo para escuchar tu voz. Guíame, amable Pastor, a donde quieras que vaya.

# *FRENTE A LO DESCONOCIDO*

*He aquí, ligado yo en espíritu, voy a Jerusalén,*
*sin saber lo que allá me ha de acontecer.*

HECHOS 20.22

Oh Señor, me siento llamado a emprender este nuevo reto. Puedo sentir el Espíritu atrayéndome hacia este último esfuerzo. Pero no sé lo que acontecerá. Ah, cómo en ocasiones quisiera poder ver el futuro. Señor, ayúdame a tener confianza y fe en tu voluntad para mi vida. Ayúdame a poner simplemente un pie delante del otro, a hacer lo siguiente, a seguir caminando en tu senda. ¡Y cuando llegue allí te daré toda la gloria!

# Intrepidez

*Aunque un ejército acampe contra mí, no temerá mi corazón.*

SALMOS 27.3

Me viene a la mente la historia de David, cómo enfrentó oposición de sus hermanos, de su rey, y después de un enorme gigante, todo bajo la vigilante mirada de sus enemigos. Pero él no tenía miedo. Oh, que yo tuviera tal fe. A veces me asusto tanto que el corazón me empieza a palpitar a mil por hora. Y esas son las ocasiones en que he quitado la mirada de ti. Mantén mi enfoque en tu Palabra. Siembra este versículo en mi corazón para que cuando me sobrevenga el terror pueda expresar estas palabras y despedirme del miedo.

# Viviendo con Dios

*Nadie me respaldó, sino que todos me abandonaron.*
*Que no les sea tomado en cuenta. Pero el Señor estuvo*
*a mi lado y me dio fuerzas. ... Y fui librado.*

2 Timoteo 4.16-17 nvi

De repente me quedé solo como David cuando enfrentó a Goliat. Pero no me enojaré con otros por haberme abandonado. No los necesito. Solo te necesito a ti. Tú eres mi Señor, mi Salvador, mi Libertador, mi Roca, mi Refugio. Tú estás a mi lado. Puedo sentir tu presencia aquí ahora mismo. Ah, ¡cuán maravilloso eres! Gracias por concederme el poder que necesito. Gracias por nunca abandonarme.

# Apoyo de compañeros creyentes

*Como no le pudimos persuadir [a Pablo], desistimos,*
*diciendo: Hágase la voluntad del Señor.*

HECHOS 21.14

A veces quienes no te conocen creen que los
creyentes como yo estamos locos. Pero no es así.
Simplemente sabemos que cuando nos pides hacer
algo, cuando lanzas un desafío delante de nosotros,
hemos de seguir adelante sin ningún temor. ¡Somos
valientes en ti, Señor! Qué maravilloso es eso. Y
gracias a Dios que nuestros amigos creyentes nos
animan, sabiendo que si es tu voluntad, todo saldrá
bien. ¿Qué haría yo sin ese apoyo? Gracias por
plantar mis pies en un lugar agradable y amplio,
rodeado por creyentes que me aman y oran por mí.

# NUESTRA AYUDA

*Nuestra ayuda está en el nombre del SEÑOR,*
*creador del cielo y de la tierra.*

SALMOS 124.8

No debo mirar más allá de ti, Señor, para recibir ayuda. En tu nombre confío. Es tu poder el que me ayudará a cumplir este desafío. Después de todo, tú me creaste. Tú conoces el plan para mi vida. Me has equipado para llevar a cabo aquello que me llamaste a hacer. Ayúdame a no confiar en mí sino en ti y en tu poder. Eso es lo que me dará victoria en esta vida. Gracias por oír y contestar mi oración.

# Mi armadura

*No confiaré en mi arco, ni mi espada me salvará; pues tú*
*nos has guardado de nuestros enemigos, y has avergonzado*
*a los que nos aborrecían. En Dios nos gloriaremos todo*
*el tiempo, y para siempre alabaremos tu nombre.*

Salmos 44.6-8

No confío en mi talento, mi diligencia, mi educación, mi suerte o en que otros me ayuden a cumplir con este reto. Confío en ti. Mi poder está en la intrepidez basada en la fe que solo viene de conocerte íntimamente. Con esa arma en mi arsenal solo hay victoria por delante. Quienes afirman que no puedo hacer lo que me has pedido que haga serán avergonzados. Pero no es por eso que cumpliré el desafío. Seguiré adelante porque quiero traerte gloria. Es en ti en quien me jacto todo el día. Alabo tu nombre, mi Fortaleza y mi Libertador.

# En las fuerzas de Dios

*Todo lo puedo en Cristo que me fortalece [estoy listo*
*para lo que sea, y ecuánime para cualquier cosa por*
*medio de Quien me infunde fortaleza interior; soy*
*autosuficiente en la suficiencia de Cristo].*

FILIPENSES 4.13

¡Qué maravilloso es poder hacer todo por medio de ti! ¡Tú me concedes poder! ¡Me das energía! ¡Me proporcionas las maneras y los medios! Mientras estoy aquí, en tu presencia, siento toda la energía que emana de ti. Ah, ¡qué sensación! Dame esa fortaleza que necesito para lograr los objetivos que has puesto delante de mí. Siembra en mi corazón, y por los siglos de los siglos, las palabras «Todo lo puedo por medio de Dios… ¡él me fortalece!»

# Conclusión

Orienta tu tiempo devocional con corazón ansioso y receptivo, sabiendo que la oración es la clave para tu vida en Cristo. Permite que en medio del silencio el Espíritu Santo te guíe al reino de Dios. Mientras pasas tiempo en la presencia de nuestro Dios, acercándote más a tu Señor y Salvador, te vuelves más como Él, lleno con su luz y su amor. Luego cuando sales de esos momentos en la presencia divina te encontrarás irradiando ese amor a quienes te rodean.

A medida que creces en la gracia de Dios, que tu espíritu sea tan transformado que aquellos con quienes te encuentres tengan la seguridad de haber experimentado un vislumbre de Cristo.